ATLAS
der
maritimen
Geschichten
und Legenden

CYRIL HOFSTEIN

MIT ILLUSTRATIONEN VON
KARIN DOERING-FROGER

ATLAS der *maritimen* Geschichten und Legenden

Aus dem Französischen
von Nina Goldt

DUMONT

Für Murielle und Wilfried

INHALT

DIE KARIBIK 86

VOM PAZIFIK BIS ZUM INDISCHEN OZEAN 108

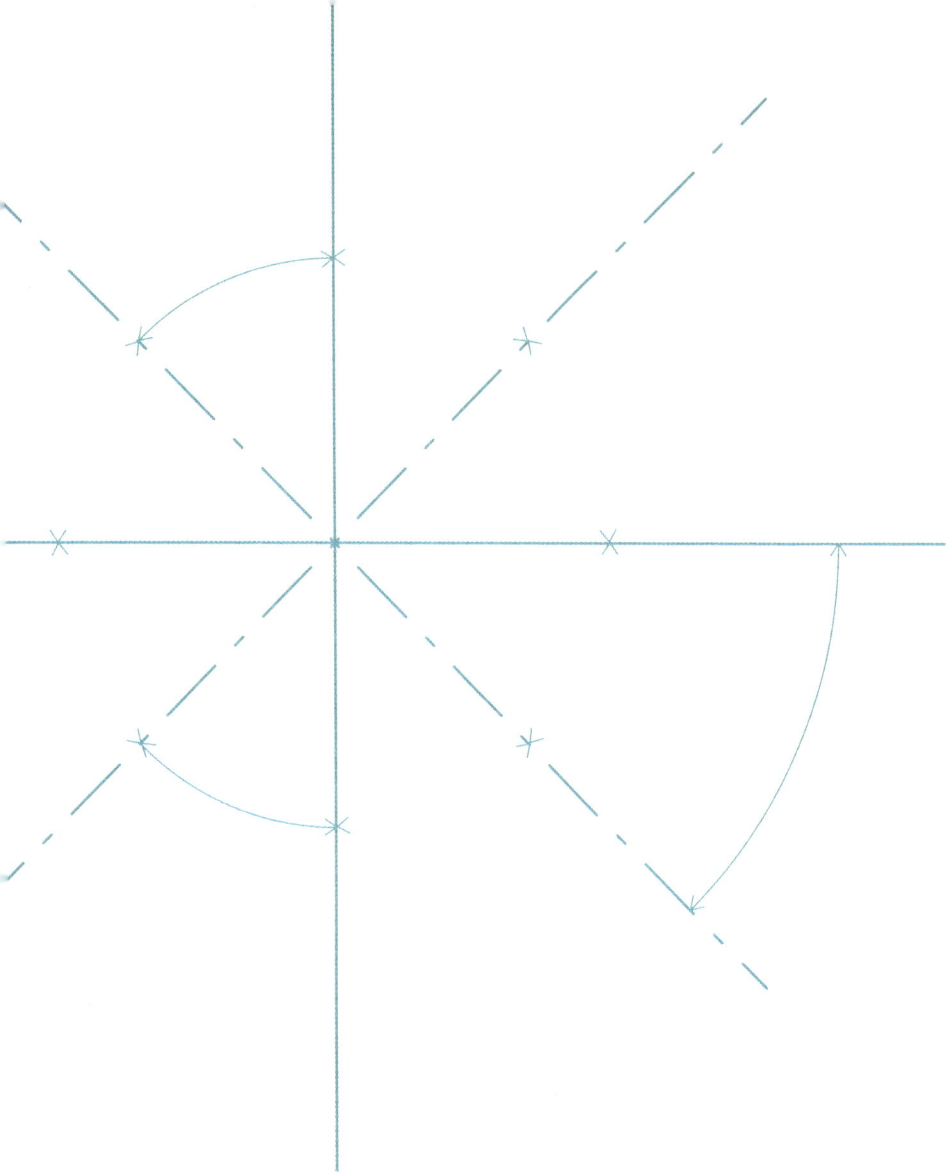

EINLEITUNG

»Es gibt drei Arten von Menschen: die Lebenden, die Toten, und diejenigen, die zur See fahren.«
Aristoteles

Dieses Buch erzählt von Schiffbrüchen und Schiffbrüchigen, von großen Entdeckungen und unermüdlichen Schatzsuchern, von geheimnisvollen Begebenheiten und ungeklärten Schicksalen auf hoher See. All diese maritimen Geschichten und Legenden wurden von Hafen zu Hafen weitergetragen – von der Antike bis heute. Im Laufe der Zeit wurden sie adaptiert, verzerrt oder sogar verfälscht.

Die berühmtesten Legenden, wie jene des *Fliegenden Holländers*, gehören mittlerweile zum maritimen Kulturerbe. Nicht selten handelt es sich um Ereignisse von historischer Bedeutung, darunter das See-Duell der CSS *Alabama* mit der USS *Kearsage* im Sezessionskrieg, der tragische Untergang der königlichen *Vasa* auf ihrer Jungfernfahrt, der zum Fiasko für Schweden wurde, oder das Verschwinden von *L'Oiseau Blanc* und seiner Piloten Nungesser und Coli auf ihrem Nonstop-Transatlantik-Flug, das an ihrer Stelle den Amerikaner Charles Lindbergh zum Luftfahrt-Pionier werden ließ. Erzählt wird von missglückten Expeditionen, wie der von John Franklin, der die Nordwestpassage verfehlte, von Freibeutern und gesunkenen Galeonen voll Gold in der Karibik oder von Verschollenen, die zu Kannibalen wurden.

Die hier versammelten Geschichten von Seefahrern und namhaften Schiffen auf den Meeren des Abend- oder Morgenlandes, von der Ostsee bis zum arktischen Meer, vom Pazifik bis zum Indischen Ozean – ob wahr oder frei erfunden – künden von den dunklen, sagenumwobenen Geheimnissen der Ozeane. Teils sind diese Legenden so fantastisch, dass selbst manch ein Seemann, der sie noch mit gedämpfter Stimme zum Besten gibt, Zweifel an ihrer Glaubwürdigkeit hegt.

MEERE UND KÜSTEN DES ABENDLANDES

DER UNTERGANG DER *LA BELLE*

Wie Frankreich schon damals Amerika verlor

28° 34' 17" N - 96° 18' 4" W

Das letzte Segelschiff von Robert Cavelier de la Salle, die *La Belle*, ankert in den trüben Gewässern der Matagorda Bay, vor der Küste des heutigen Texas. Mit Unterstützung von Ludwig XIV. war La Salle aufgebrochen, um an der Mündung des Mississippi eine Kolonie zu gründen und die Spanier zu bekriegen. Doch die Expedition ist ein Desaster, und seine Mannschaft am Ende ihrer Kräfte. An Bord ist es so heiß, dass der Teer zähflüssig und schwarz von der Takelage aufs Deck tropft. Es ist stickig und in der Luft liegt der beißende Geruch von Schlick. Zwei Tage zuvor töteten Indianer vom Stamm der Karankawa, die die Franzosen immer wieder überraschend angriffen, sechs Seeleute, darunter der Kapitän des Schiffs, Maître Richaud. Schweren Herzens übernahm daraufhin der Lotse Tessier das Kommando, der allerdings alles dafür geben würde, dieser Hölle zu entfliehen.

Seit die *La Belle* im Juli 1684 aus dem Hafen von La Rochelle auslief, ereilt die Expedition ein Unglück nach dem anderen. Vor Hispaniola kaperten Seeräuber die Ketsch *Saint-François* mit dem Großteil der Vorräte, der Munition sowie weiterer – für den Bau eines Forts an der Grenze zu Neu-Mexiko – lebensnotwendiger Güter. Als die übrigen drei Schiffe, die *Aimable*, eine Fleute von 180 BRT, die *Joly*, ein Zweidecker mit 34 Kanonen, sowie die *La Belle*, die in Rochefort eigens für die Expedition gebaut worden war, anschließend einen Zwischenstopp im Hafen von Petit-Goâve einlegen, erkranken rund 300 Männer, Frauen und Kinder, somit die meisten Menschen an Bord. Es mangelt an Disziplin, einige Soldaten desertieren, und die von der Hitze und vom Tropenfieber geschwächten Siedler weigern sich, wieder an Bord zu gehen. Die Beziehungen zwischen den Marineoffizieren und dem Vizekönig von Louisiana – jenem weitläufigen Gebiet, das sich bis zu den Great Lakes erstreckt und das La Salle 1682 »im Namen seiner Majestät Ludwigs XIV.« in Besitz nahm –

> Ohne es zu ahnen – schuld waren eine unpräzise Karte und eine zum Teil auf Schätzungen beruhende Kursbestimmung – verfehlte La Salle sein Ziel um einige Längengrade.

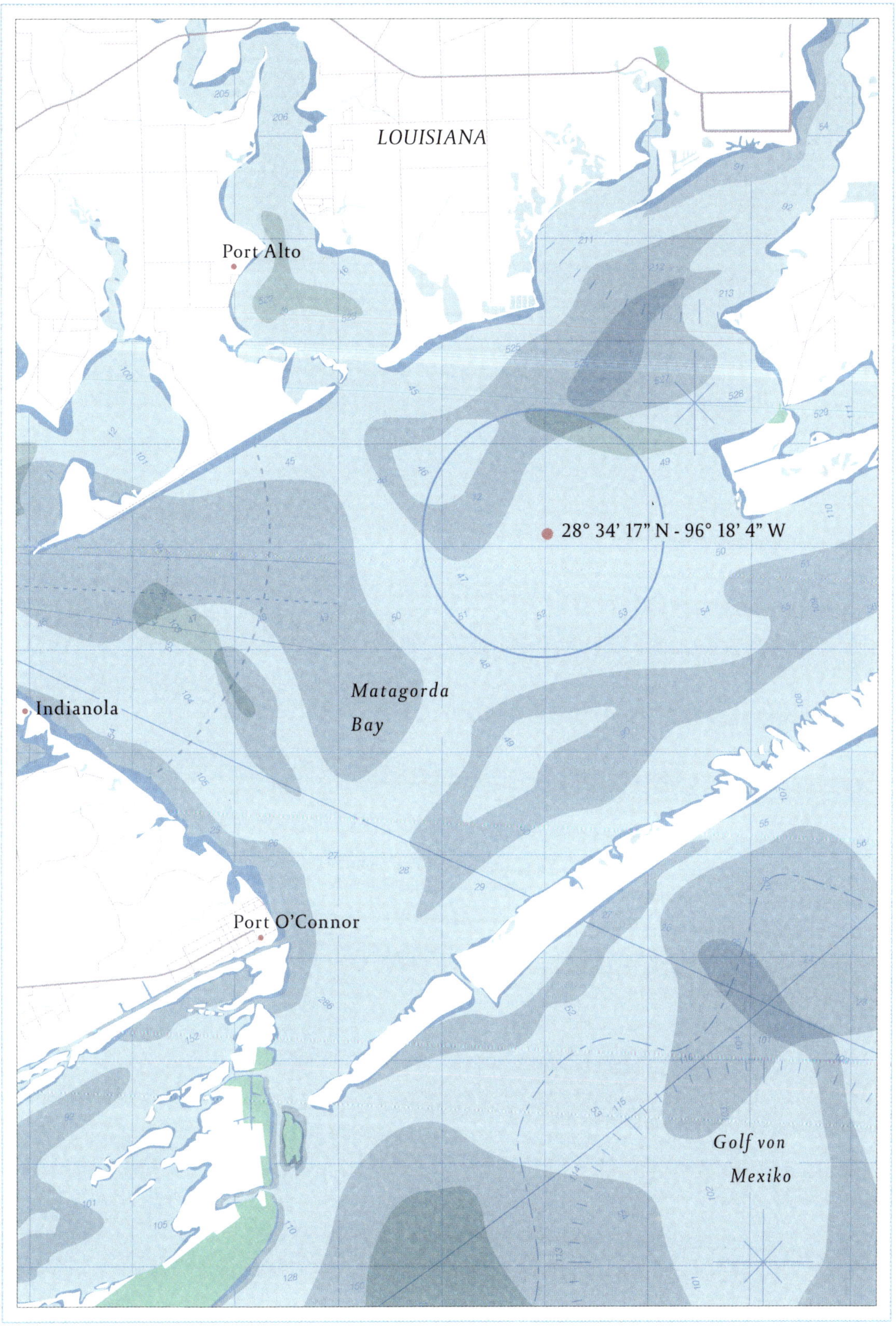
LOUISIANA
Port Alto
28° 34' 17" N - 96° 18' 4" W
Indianola
Matagorda Bay
Port O'Connor
Golf von Mexiko

sind schlechter denn je. Zwei Monate vergehen, ehe die drei Schiffe endlich die Anker lichten und am 12. Dezember den Golf von Mexiko erreichen. Zwei Wochen später ist Land in Sicht. Welch eine Erleichterung. Doch La Salle erkennt die Küstenlinie nicht wieder. Nichts an dieser Landschaft kommt ihm vertraut vor. Ohne es zu ahnen – schuld waren eine unpräzise Karte und eine zum Teil auf Schätzungen beruhende Kursbestimmung – verfehlte er sein Ziel um einige Längengrade.

Nach drei Tagen Nebel erreichen die drei Schiffe am 4. Februar 1685 schließlich einen vermeintlichen Zufluss des Mississippi, den La Salle einst auf den Namen Colbert getauft hatte. Während des Anlegemanövers gerät die *Aimable* jedoch in seichte Gewässer und geht mit der gesamten Ladung unter. So sehr sich die Mannschaft auch bemüht, das Leck abzudichten – vier Geschütze gehen verloren. Bald darauf werfen sich La Salle und Beaujeu, der Kommandant der *Joly*, gegenseitig Inkompetenz vor. Der Ton wird schärfer, und schließlich legt die *Joly* in Richtung Frankreich ab – an Bord weitere Aussiedler, die verzagt oder in Ungnade gefallen sind. In letzter Sekunde bietet der Offizier ihm an, zurückzukommen, sollte er die Mündung des Mississippi finden. Doch La Salle, der die Sache umgehend zu Ende bringen möchte, lehnt ab. Tatsächlich sollte Beaujeu nur wenige Tage später und 700 Kilometer weiter östlich auf die Flussmündung stoßen und eine neue Karte zeichnen – Ironie der Geschichte. Die zurückgebliebenen 200 Siedler versuchen, ganz auf sich allein gestellt, mit der Situation fertig zu werden. Es herrscht Endzeitstimmung: Männer, Frauen und Kinder wechseln sich beim Roden des Waldes ab, machen das Land urbar, errichten Zäune und ein kleines Fort, dem sie den Namen Fort Saint-Louis geben. Dann verlässt La Salle die Kolonie, um weiter – allerdings vergebens – nach dem Fluss zu suchen, und jedes Mal kehrt er verbitterter zurück. Der überschwängliche Abenteurer, der einst von unendlichen Weiten und von Territorien schwärmte, die man der spanischen Krone entreißen würde, und der damit den Hof von Versailles für sich einnahm, ist nur noch ein Schatten seiner selbst. Tessier langweilt sich unterdessen am Ruder der *La Belle* und verbringt die meiste Zeit damit, den Weinvorräten zuzusprechen. Die See liegt da wie Zinn. Düster. Undurchdring-

Der überschwängliche Abenteurer, der einst von unendlichen Weiten schwärmte, ist nur noch ein Schatten seiner selbst.

lich. Eines Abends, im Jahr 1686, als ein paar Matrosen mit dem einzigen Beiboot an Land rudern, um Trinkwasser zu besorgen, hängt Tessier keine Laterne ans Ende der Rahe, sondert zündet stattdessen lieber eine Kerze an, die jedoch sofort vom Wind ausgeblasen wird. Keiner der Männer kehrt je zurück. Aus lauter Verzweiflung zetteln die Überlebenden eine Meuterei an. Doch da sie außerstande sind, das Schiff zu steuern, flehen sie schließlich Tessier an, sie an Land zu bringen. Wie so oft dreht der Wind in der Bucht auf Nord, und die See wird unruhiger. Der Lotse, betrunkener denn je, verliert die Kontrolle über das Steuerruder, und die immer höherschlagenden Wellen reißen das Schiff mit sich. Die Besatzung versucht zwar, den Anker auszuwerfen, doch das Schiff gerät in Schieflage und läuft voller Wasser. Lediglich sechs der Männer schaffen es bis ans Ufer. Im Fort Saint-Louis wacht nur noch eine Handvoll Franzosen über das, was von der Kolonie übrig ist. Nachdem La Salle am 17. März 1687 – auf seinem letzten Gewaltmarsch zum Mississippi – von seinen eigenen Leuten brutal ermordet wird, ist die Kolonie jedoch endgültig verteidigungsunfähig. Am Weihnachtsabend 1688 überfallen die Karankawa erneut die Siedlung und verschonen niemanden, mit Ausnahme von vier Kindern, die die Frauen des Stammes bei sich aufnehmen. Später werden sie an spanische Kundschafter weitergereicht, im Tausch gegen Äxte und Werkzeug. Ein paar Ruinen, eine Handvoll unbrauchbarer Kanonen und das Wrack der *La Belle* – mehr ist nicht übrig geblieben vom großen, amerikanischen Traum des Robert Cavelier de La Salle. Das Schiffswrack konnte im Jahr 1995, drei Jahrhunderte nach dem Unglück, beinahe intakt geortet werden. Bis heute können die Archäologen der Texas Historical Commission kaum fassen, was sie da auf dem Grund der Matagorda Bay entdeckt haben.

Ein paar Ruinen, eine Handvoll unbrauchbarer Kanonen und das Wrack der *La Belle* – mehr ist nicht übrig geblieben vom großen, amerikanischen Traum des Robert Cavelier de La Salle.

AUF DER SUCHE NACH *L'OISEAU BLANC*

Wo sind Nungesser und Coli geblieben?

46° 39' 30" N - 53° 4' 25" W

Zwar setzten zahlreiche Fachleute und Journalisten alle Hebel in Bewegung, das rätselhafte Verschwinden des Flugzeugs von Charles Nungesser und François Coli aufzuklären, doch *L'Oiseau Blanc* (Der Weiße Vogel) wird wohl für immer verschollen bleiben. Bis heute wurde nicht ein einziges Teil ihres Doppeldeckers gefunden, einer Levasseur PL.8, in der sie über den Nordatlantik bis nach New York fliegen wollten. Weder der Motor, noch die Tragflächen oder irgendwelche anderen Trümmer. Nichts als das Meer, soweit das Auge reicht.

> In Paris verkündet der Aéro-Club de France, Nungesser und Coli seien erfolgreich bei der Freiheitsstatue angekommen. Doch *L'Oiseau Blanc* ist verschollen.

Als die beiden Helden im Morgengrauen des 8. Mai 1927 in Le Bourget abfliegen, hält ganz Frankreich den Atem an. Ihr gewagtes, bis ins kleinste Detail geplantes Unterfangen sorgt landesweit für Schlagzeilen. Nungesser ist eine Ikone des Ersten Weltkriegs, ein Fliegerass, das insgesamt 43 Luftsiege erzielte, ein Frauenheld und Teufelskerl. Sein Navigator Coli ist reservierter, aber nicht minder erfahren. Nachdem der Offizier der Handelsmarine 1918 schwer verwundet worden war, überflog er im Jahr darauf zweimal das Mittelmeer und stellte mit seinem Direktflug von Paris nach Kenitra (Marokko) einen neuen Distanzrekord auf. Seine Gelassenheit und Genauigkeit machen ihn zu einem idealen Reisegefährten.

Um das Flugzeug so leicht wie möglich zu machen, nehmen die Piloten kein Funkgerät mit an Bord. Da sie mit einer Flugdauer zwischen 32 und 35 Stunden rechnen, bei einer Fluggeschwindigkeit von 160 km/h, reduzieren sie ihre Treibstoffreserven auf 3800 Liter. Wenige Minuten nach dem Start werden sie über Étretat gesichtet; sodann in England, in der Nähe von Cowes, und in Irland, danach nehmen sie Kurs auf New York, wo bereits zehntausende Menschen auf ihre Ankunft warten. In Paris lässt der Aéro-Club de France schon verkünden, sie seien erfolgreich bei der Freiheitsstatue angekommen, und mehrere Zeitungen bringen Sonderausgaben heraus. Doch *L'Oiseau Blanc* ist verschollen.

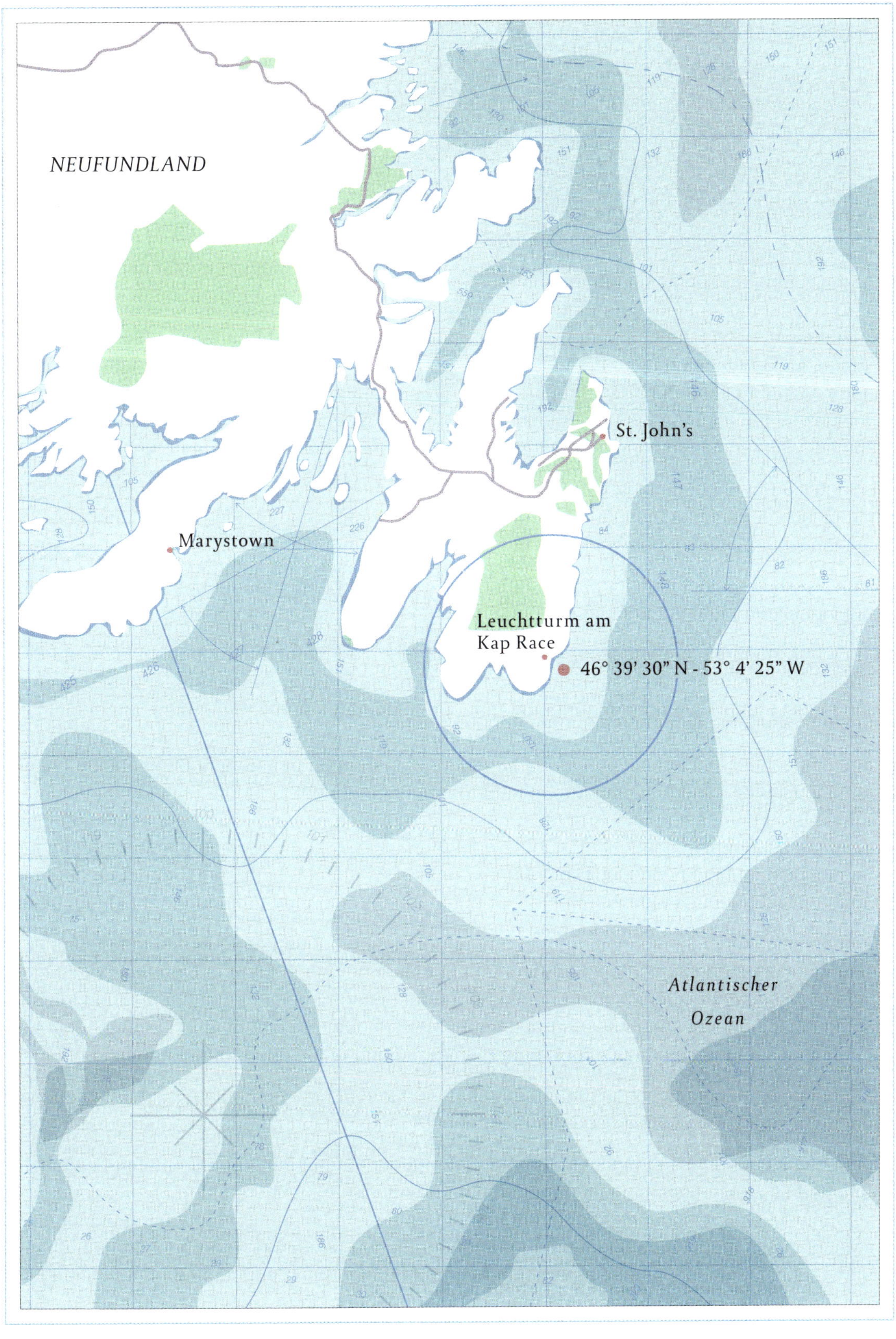
NEUFUNDLAND
St. John's
Marystown
Leuchtturm am
Kap Race
46° 39' 30" N - 53° 4' 25" W
Atlantischer
Ozean

Am Morgen des 10. Mai durchkämmen Rettungskräfte die Gewässer zwischen der Alabasterküste (Normandie) und England, ohne jedoch ein Wrack zu sichten.

Das tragische Versehen im Kontext der Prohibition ermöglichte es Charles Lindbergh, sich zwölf Tage nach dem Start von *L'Oiseau Blanc* in die Geschichtsbücher einzuschreiben. Am Steuer der berühmten *Spirit of Saint Louis* fliegt er am 20./21. Mai 1927 als erster Pilot im Alleingang und nonstop von New York nach Paris.

Unterdessen kreuzen auf der anderen Seite des Atlantiks kanadische sowie us-amerikanische Schiffe im Sankt-Lorenz-Golf, vor Neufundland, nahe der Île de Sable (Phantominsel) und bei Neuschottland, denn dort wollen mehrere Zeugen das Flugzeug am 9. Mai in niedriger Höhe gesichtet oder gehört haben. Einer von ihnen, Pierre-Marie Le Chevalier, ein Fischer aus Saint-Pierre, berichtet von einem Motorengeräusch, das plötzlich verstummt sei. An jenem Morgen, in der Nebel verhangenen Landschaft des Cap Noir, habe selbst sein Hund erbärmlich gejault. Damit hatte es sich. Die Suche wird am 9. Juni endgültig eingestellt; einzig der australische Pilot Sidney Cotton sucht das Gebiet noch weiter mit seinem Wasserflugzeug ab. Ohne Ergebnis.

Offiziellen Berichten zufolge geriet *L'Oiseau Blanc* in ein Unwetter oder in ein Nebelfeld und stürzte daraufhin irgendwo ins Meer. Doch in den 1980er-Jahren geben neue Hinweise Grund zu der Annahme, dass die Maschine in einer einsamen Gegend von Maine abstürzte, und Roland Nungesser, der Neffe des Piloten, beschließt, den Fall neu aufzurollen. Doch vergebens. Abermals verliert sich ihre Spur im Nichts.

Wenn man Bernard Decré glaubt, der mehrere Suchexpeditionen unternahm, könnte es sich wie folgt zugetragen haben: In Sichtweite der amerikanischen Küste flog *L'Oiseau Blanc* zunächst an den Felsenklippen im Osten Neufundlands entlang, und dann weiter in südlicher Richtung bis zum Leuchtturm am Kap Race. Mindestens drei Schiffe, die auf dieser Route unterwegs waren, haben das Flugzeug gesichtet: die *Albert*, ein dänischer Dreimaster, die *Armistice*, ein Schoner aus Granville, sowie die *Modoc*, ein Patrouillenboot der US-Küstenwache, deren Auftrag es war, Alkoholschmuggler abzufangen, die damals ständig in den grenznahen Gewässern zwischen den USA, Kanada und Saint-Pierre-et-Miquelon kreuzten. Nachdem sie 33 Stunden geflogen waren, wollten Nungesser und Coli, da sie ja über keinerlei Kommunikationsmittel verfügten, auf sich aufmerksam machen und ihre bevorstehende Ankunft in Manhattan ankündigen; also kreisten sie über den Schiffen, denen sie begegneten. Ein freundschaftliches, aber fatales Manöver. Denn *L'Oiseau Blanc* wurde abgeschossen, so die feste Überzeugung von Bernard Decré, weil die amerikanische Küstenwache das Flugzeug mit einer Maschine der Schwarzbrenner verwechselte, oder aber weil Schmuggler es für einen Doppeldecker der Küstenwache hielten.

Dieses tragische Versehen im lebensgefährlichen Kontext der Prohibition – sollte es sich wirklich so zugetragen haben – ermöglichte es dem Amerikaner Charles Lindbergh, sich zwölf Tage nach dem Start von *L'Oiseau Blanc* in die Geschichtsbücher einzuschreiben. Am Steuer der berühmten *Spirit of Saint Louis* fliegt er am 20./21. Mai 1927 als erster Pilot im Alleingang und nonstop von New York nach Paris. Aber deswegen gleich ein Komplott zu vermuten …

DER FIKTIVE SCHIFFBRUCH DES COMTE DE BOISJOURDAIN

Die unglaubliche Geschichte der Sammlung Chasles

IRGENDWO AUF DEM ATLANTIK

Der Comte de Boisjourdain, einer der größten Bibliophilen seiner Zeit, starb 1791 einen heldenhaften Tod, als sein Schiff auf dem Weg nach Amerika in Seenot geriet und unterging. Die Schilderung des Unglücks lässt einem das Blut in den Adern gefrieren. In den Trümmern des Schiffswracks, das noch immer auf dem Wasser treibt, herrschen Chaos und Verzweiflung. Frauen betteln unter Tränen, man möge ihre Kinder retten. Matrosen springen, in einem Anfall von Wahnsinn, ins eiskalte Wasser. Bei dem Versuch, ihnen zu helfen, ertrinkt der Comte de Boisjourdain; unterdessen versinken die Überreste des Schiffs, ein Spielball der Wellen, in den Tiefen des Meeres.

Bei dem Versuch, ihnen zu helfen, ertrinkt der Comte de Boisjourdain; unterdessen versinken die Überreste des Schiffs, ein Spielball der Wellen, in den Tiefen des Meeres.

Ein Teil seiner bibliophilen Schätze, der auf wundersame Weise von der Katastrophe verschont blieb, wird seiner Familie zurückgegeben und gerät anschließend in Vergessenheit. Im Jahr 1860 ist sein letzter Nachkomme so hoch verschuldet, dass er gewillt wäre, die Sammlung zu veräußern. Allerdings nur, wenn das Geschäft absolut diskret abläuft. Denn Adel verpflichtet.

Denis Vrain-Lucas, ein Paläograf und Mitarbeiter der Genealogen Courtois-Letellier, weiß, dass der renommierte Mathematiker Michel Chasles ein Faible für historische Memorabilien hat, und so schlägt er dem mittellosen Edelmann vor, als Vermittler zu dienen. 1861 begutachtet Chasles die äußerst umfangreiche Sammlung des Comte de Boisjourdain und ist sofort fasziniert. Unter den Schriftstücken, die Vrain-Lucas vor ihm ausbreitet, befinden sich Briefe von Molière, Racine, Pythagoras, von Alexander dem Großen an Aristoteles, von dem auferstandenen Lazarus an den heiligen Petrus, von Kleopatra an Julius Caesar … außerdem ein von Vercingetorix bewilligter Passierschein für Pompei, mehrere handsignierte Briefe von Judas Ischariot, von Pontius Pilatus, Johanna von Orléans, Rabelais, Karl V., Shakespeare,

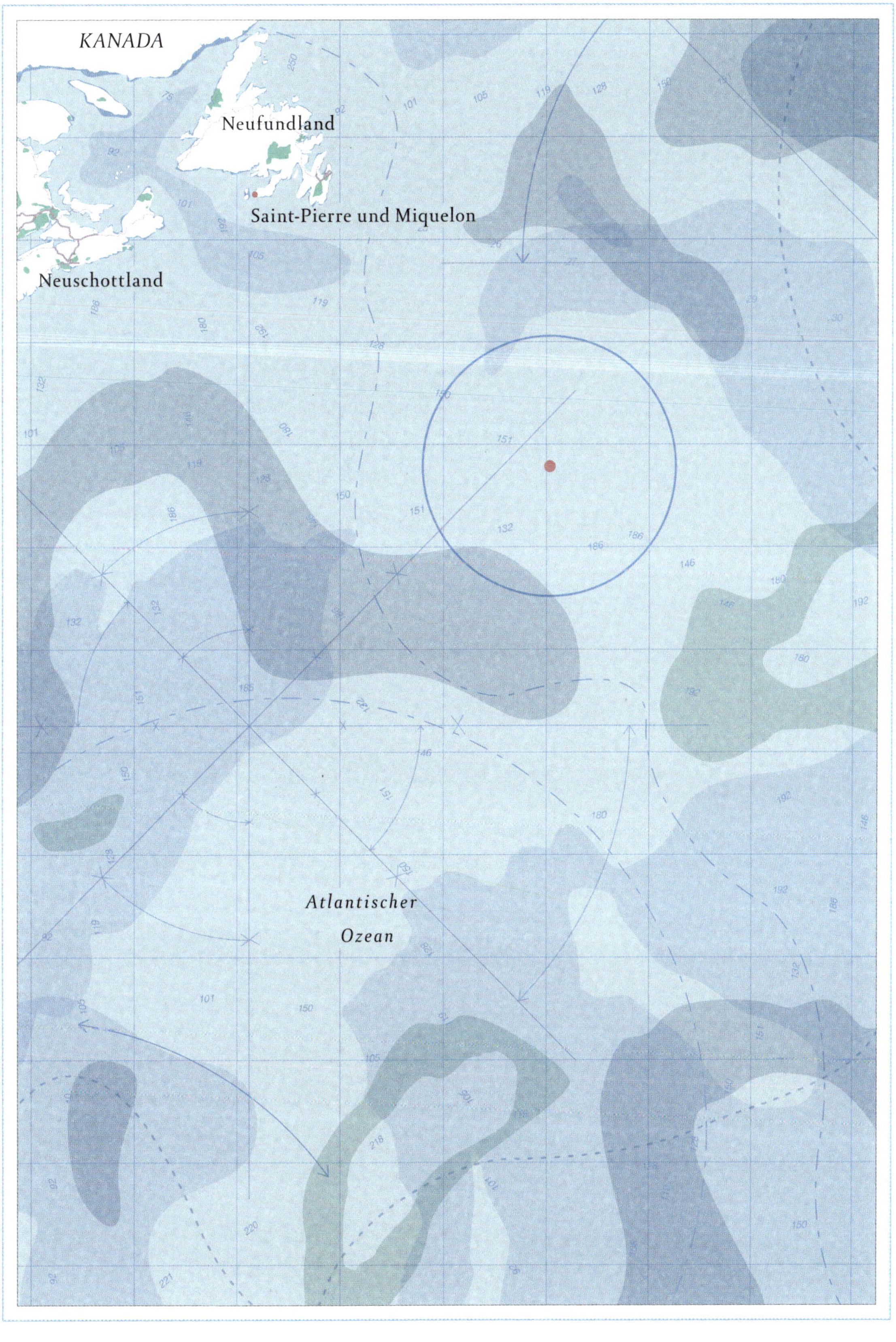
KANADA
Neufundland
Saint-Pierre und Miquelon
Neuschottland
Atlantischer
Ozean

Galileo, Montesquieu, Cicero und sogar von Dante Alighieri. Das alles ist zu schön, um wahr zu sein – keine Frage. Doch der Wissenschaftler will unbedingt glauben, was er sieht, und kauft, was das Zeug hält.

Innerhalb weniger Jahre gibt er knapp 140.000 Goldfranken – ein Vermögen – für grobe Fälschungen aus, geschrieben in einem der Fantasie entsprungenen Altfranzösisch auf künstlich vergilbtem Papier. Denn Vrain-Lucas hat alles erfunden: den Schiffbruch von 1791, den Comte de Boisjourdain, ja selbst dessen Erben! Der Autodidakt, Sohn eines Tagelöhners und einer Dienstmagd, tritt mal als Anwaltsgehilfe, mal als Schreiber am Gericht von Châteaudun oder als Angestellter im Grundbuchamt in Erscheinung. Er ist ein genialer Fälscher – und Michel Chasles als Geprellter ein wahrer Goldesel.

In seiner Begeisterung verlangt der Mathematiker nach immer mehr Schriftstücken, die er hortet, ohne sie jeweils genauer zu prüfen. Vrain-Lucas tut wie ihm befohlen und händigt Chasles sogar unverfroren einen Drohbrief von Kain an Abel aus.

Doch dann gerät die Maschinerie ins Stocken. In der Akademie der Wissenschaften verkündet Chasles am 8. Juli 1867 vor einer Reihe namhafter Experten, dass nicht Newton, sondern Blaise Pascal die Gravi-tationstheorie aufgestellt habe. Der unwiderlegbare Beweis dafür befinde sich in seinem Besitz: zwei an Isaac Newton adressierte Briefe, in denen der Philosoph den entsprechenden mathematischen Grundsatz erläutert. Die Anwesenden halten den Atem an. Doch an dem Tag, an dem die von Vrain-Lucas ersonnenen Briefe geschrieben wurden, war Newton gerade einmal zwölf Jahre alt ... In der

Vrain-Lucas hat alles erfunden: den Schiffbruch von 1791, den Comte de Boisjourdain, ja selbst dessen Erben! Der Autodidakt tritt mal als Anwaltsgehilfe, mal als Schreiber am Gericht von Châteaudun oder als Angestellter im Grundbuchamt in Erscheinung. Er ist ein genialer Fälscher – und Michel Chasles als Geprellter ein wahrer Goldesel.

Fachwelt entbrennt ein Streit, und erst nach einer zwei Jahre langen Kontroverse wird der Betrüger und Fälscher von über 27.000 Niederschriften, Briefen, Dokumenten und Manuskripten – eines davon unechter als das andere – schließlich entlarvt und am 9. September 1869 verhaftet. Chasles, der zu seiner Schande eingestehen muss, dass man ihn zum Narren hielt, sieht sich der Lächerlichkeit preisgegeben. Vrain-Lucas, der zu zwei Jahren Gefängnis, 500 Francs Geldstrafe und zur Begleichung der Gerichtskosten verurteilt wird, verbüßt seine Strafe. Allerdings erliegt er noch zwei Mal seinem Hang zur Fantasie und wandert dafür erneut hinter Schloss und Riegel, bevor er 1880, im Alter von 88 Jahren, in seinem Bett stirbt.

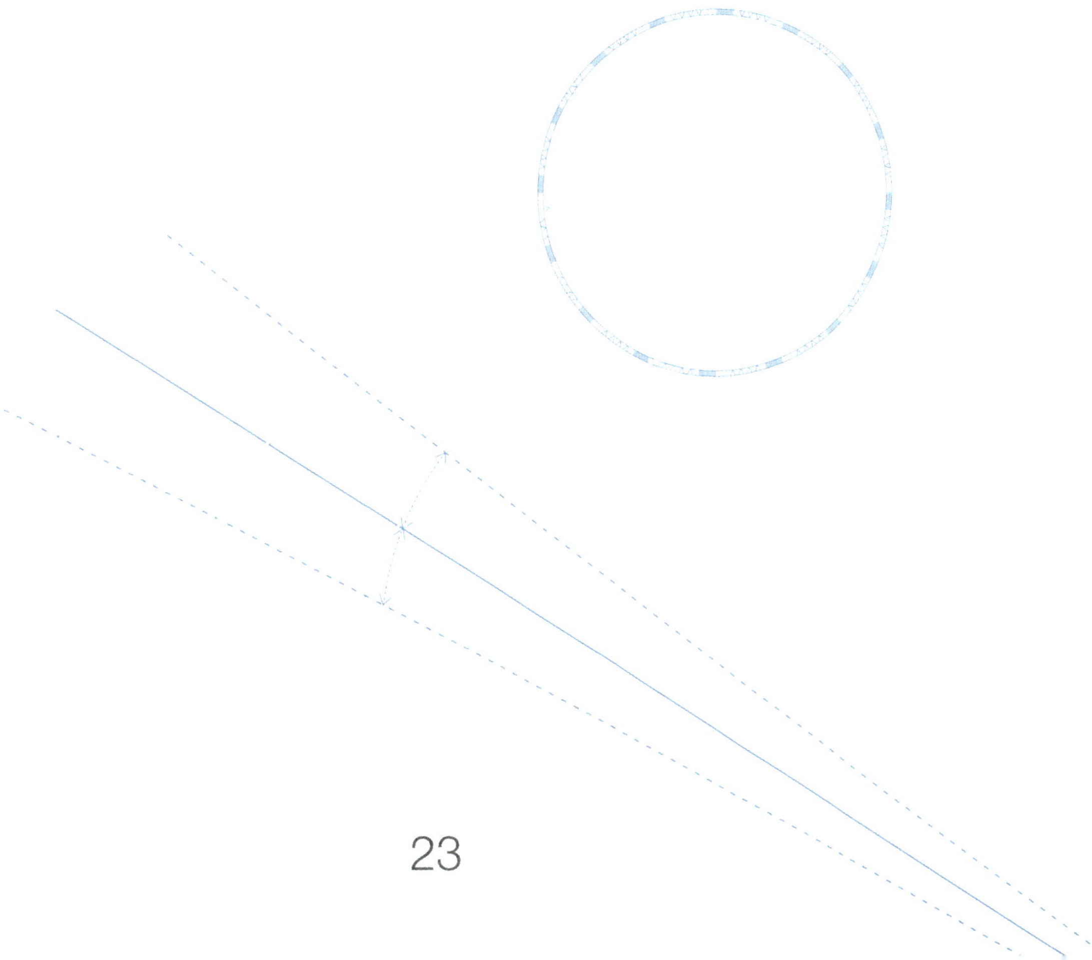

um 1680

DER *FLIEGENDE HOLLÄNDER*

Das Rätsel des Geisterschiffs

34° 21' 30" S - 18° 28' 15" O

In einem Buch über maritime Legenden darf der *Fliegende Holländer* natürlich nicht fehlen. Geschichten von Geisterschiffen sind seit jeher Gegenstand von Seemannsgarn, und diese hier, die über Generationen von Hafen zu Hafen weitergetragen wurde, ist ein echtes Schmankerl.

> Daraufhin erscheint dem Kapitän ein Geist, der ihn bis in alle Ewigkeit verflucht. Seither irrt das Schiff, getrieben von einem immerwährenden Sturm, auf den Meeren zwischen Kap Hoorn und dem Kap der Guten Hoffnung umher …

Sie beginnt stets mehr oder weniger gleich: Um möglichst schnell das Kap der Guten Hoffnung zu umschiffen und seine Ladung abzuliefern, verweigert ein niederländischer Kapitän seiner erschöpften Mannschaft deren Ruhezeiten. Es tobt ein Orkan, doch der Kapitän lässt nicht mit sich reden, und als die Matrosen ihn anflehen, wieder zur Vernunft zu kommen, erschießt er einen von ihnen. Er allein ist, nach Gott, der Herrscher über das Schiff; voller Hochmut und laut lachend schleudert er dem Wind die schrecklichen Worte entgegen: »Ich werde dieses Kap umschiffen, selbst wenn ich dafür bis zum Ende der Zeiten zur See fahren muss.« Daraufhin sei ihm ein Geist oder ein Gespenst erschienen, das ihn bis in alle Ewigkeit verflucht habe. Seither irrt das Schiff, getrieben von einem immerwährenden Sturm, auf den Meeren zwischen Kap Hoorn und dem Kap der Guten Hoffnung umher …

Im Jahr 1834 befasst sich der Dichter Heinrich Heine mit dem Stoff und fügt ein alles entscheidendes Detail hinzu. Von nun an darf der Kapitän alle sieben Jahre für einen Tag an Land gehen, und sofern er eine Frau findet, die willens ist, ihn zu lieben und ihm in den Tod zu folgen, wird er von dem Fluch erlöst werden. 117 Jahre später, 1951, verfilmt Hollywood Heines Version, mit James Mason in der Rolle des *Fliegenden Holländers* und der bezaubernden Ava Gardner als dessen Geliebte. Bereits 1839 veröffentlicht der Schriftsteller Frederick Marryat seinen Roman *The Phan-*

Kimberley
SÜDAFRIKA
Kapstadt
Port Elizabeth
34° 21' 30" S - 18° 28' 15" O
Atlantischer
Ozean

tom Ship, dessen Held Philip Vanderdecken, Sohn des verfluchten Kapitäns, sich auf die Suche nach seinem Vater macht und auf seiner Route zum Kap der Guten Hoffnung eine merkwürdige Entdeckung macht: »In ungefähr drei Meilen Entfernung und 15 Grad über dem Horizont breitete sich ein Lichtschein aus, und mittendrin befand sich ein mächtiges Schiff, das anscheinend gegen einen heftigen Orkan ankämpfte, dabei herrschte völlige Windstille. Es tauchte ab und stieg empor aus einer vollkommen ruhigen See: bald verschwand es in den Fluten, bald zeigte es sich wieder an der Oberfläche. [...] Wir konnten es immer besser sehen. Schließlich wendete es; und während

Allerdings berichtet 1835 ein britischer Kapitän von einem mächtigen Schiff, das sich ihm schnell näherte und dann auf mysteriöse Weise verschwand ...

des Manövers war es so nahe, dass wir die Männer an Deck hätten zählen können. Doch in diesem Augenblick wurde das Schiff von einer plötzlichen Finsternis verschlungen, und war verschwunden.«

Von da an ist die Legende des *Fliegenden Holländers* in aller Munde. Richard Wagner, der auf einer stürmischen Überfahrt nach England Todesangst verspürte, macht daraus eine Figur der romantischen Oper (1843), die Erlösung sucht, und Victor Hugo widmet ihr in *La Légende des siècles* (3. Bd., 1883) einige seiner schönsten Verse:

Der Holländer, er ist es! Die Barke,
Sie trägt des Flammenschwertes Marke!
Das Boot, zur Buße verdammt!
Das Segel, das unselige, das ist es!
Der Räuber, der Düstere, er ist es,
Auf ewig in des Meeres Weiten gebannt!

Aber gab es ihn wirklich? Ein mögliches Vorbild könnte, laut Marinehistorikern, Bernard Fokke gewesen sein, ein Schiffskapitän, der Ende des 17. Jahrhunderts im Dienst der niederländischen Ostindien-Kompanie zur See fuhr. Dieser seinerzeit berühmte Seefahrer war bekannt dafür, dass er die Überfahrt von Amsterdam nach Java in nur drei Monaten und vier Tagen bewältigte, das waren etwa zwei Monate weniger als damals üblich. Eine echte Glanzleistung. Die Zweifel seiner Zeitgenossen sowie Fokkes extreme Hässlichkeit trugen dazu bei, dass einige eifersüchtige Konkurrenten ihm vorwarfen, er stünde mit dem Teufel im Bunde und würde über das Meer fliegen.

Anschließend siegte die Fantasie über die Realität. Nicht mehr und nicht weniger. Keine

Manie und auch kein Fluch, und somit kein Phantom. Allerdings berichtet 1835 ein britischer Kapitän von einem mächtigen Schiff, das sich ihm schnell näherte und dann auf mysteriöse Weise verschwand … Am 11. Juli 1881 befindet sich der künftige König Englands, George V., an Bord des Schulschiffes *La Bacchante* mit Kurs auf Sydney, als er vor der australischen Küste schemenhaft ein großes Segelschiff auftauchen sieht, das lautlos dahinschwebt und sich plötzlich in Luft auflöst. Im März 1939, unweit eines Strandes in Südafrika, zeigt sich unvermittelt der Umriss eines Schiffes, das – obwohl kein Lüftchen weht – mit vollen Segeln über die Wellen jagt und sich anschließend verflüchtigt. Und in der Atlantikschlacht des Zweiten Weltkriegs will die Besatzung eines deutschen U-Bootes den Holländer ebenfalls gesichtet haben … Doch seither ist ihm niemand mehr begegnet. Ob er endlich seine Seelenverwandte gefunden hat?

Geschichten von Geisterschiffen sind seit jeher Gegenstand von Seemannsgarn, und diese hier, die über Generationen von Hafen zu Hafen weitergetragen wurde, ist ein echtes Schmankerl.

DAS DRAMA DER *MIGNONETTE*

Wie drei Seeleute überlebten, indem sie den vierten verspeisten

25° 43' 28" S - 8° 27' 13" W

In dem 1838 erschienenen bizarren Roman von Edgar Allan Poe, *Die Erzählung des Arthur Gordon Pym aus Nantucket*, gibt es eine Stelle, die den Leser schaudern lässt. Einige Seeleute, darunter der Held der Geschichte, Richard Parker, sind nach einem Schiffbruch auf dem dahintreibenden Wrack der *Grampus* gefangen, jener Brigg, auf der Parker als blinder Passagier an Bord ging.

> Auf dem dahintreibenden Wrack der Brigg *Grampus* schlägt Richard Parker, wahnsinnig vor Hunger, seinen Leidensgenossen vor, durch Streichholzziehen zu ermitteln, wer von ihnen sich opfern soll, damit die anderen überleben können.

Wahnsinnig vor Hunger schlägt er seinen Leidensgenossen vor, durch Streichholzziehen zu ermitteln, wer von ihnen sich opfern soll, damit die anderen überleben können. Der Ich-Erzähler Pym ist entsetzt und weigert sich; er würde eher »auf jede erdenkliche Art sterben, als zu solch einem Mittel zu greifen«. In der Verlassenheit und der Enge des entmasteten Schiffes belauern sich die Männer. Das Messer sitzt locker, und nachdem er sich mit allen Kräften gegen diesen grauenvollen Akt gesträubt hat, willigt Pym schließlich doch ein. Es ist eine Ironie des Schicksals, dass ausgerechnet Parker das kürzeste Streichholz zieht. »Ich möchte nicht weiter darauf eingehen, was für ein schreckliches Festmahl gleich darauf folgte«, berichtet Pym fassungslos. »Solche Dinge kann man sich zwar ausmalen, aber Worte haben nicht die notwendige Kraft, den Verstand mit der absoluten Grausamkeit der Realität zu konfrontieren.« 50 Jahre später jedoch holt die Realität die Fiktion ein, als drei Schiffsbrüchigen der englischen Yacht *Mignonette* vor dem Hohen Gericht des Vereinigten Königreichs der Prozess gemacht wird, weil sie den vierten im Bunde verzehrt haben: einen 17-jährigen Schiffsjungen namens Richard Parker.

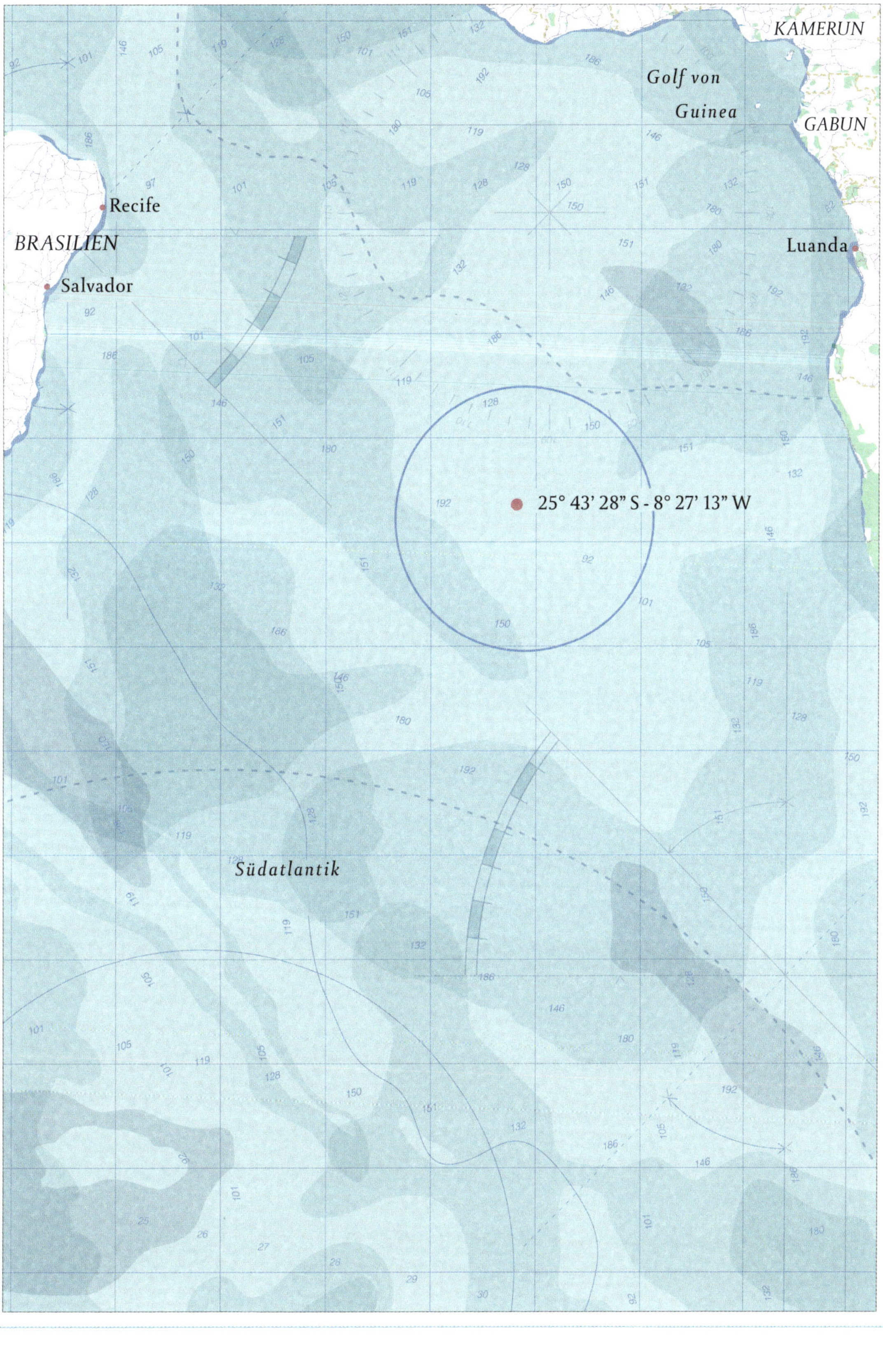
KAMERUN
Golf von
Guinea
GABUN
Recife
BRASILIEN
Salvador
Luanda
25° 43' 28" S - 8° 27' 13" W
Südatlantik

Am 19. Mai 1884 läuft die *Mignonette* aus dem Hafen von Southampton aus, in Richtung Australien; sie nimmt Kurs auf den Südatlantik und befindet sich ungefähr 1600 Seemeilen vom Kap der Guten Hoffnung entfernt, als sie mit voller Wucht von einer gigantischen Welle getroffen wird. Sofort kentert das 16 Meter lange Schiff und droht unterzugehen. In Panik begibt sich der Schiffskapitän Tom Dudley zusammen mit seinen drei Männern in das Rettungsboot; er nimmt seine Navigationsinstrumente, zwei große Dosen Steckrüben, aber kein Trinkwasser mit. Während der ersten drei Tage versucht die Mannschaft, Hunger und Durst zu ignorieren. Am vierten Tag, dem 7. Juli, halten sie es nicht mehr aus und öffnen eine der Konserven, deren ekliges, metallisches und ranziges Aroma ihnen so süß wie Honig erscheint. Am Tag drauf fangen sie eine Schildkröte – eine willkommene Abwechslung – und die letzte Ration Steckrüben hält die Männer noch eine Weile am Leben. Dann gibt es acht Tage lang nichts. Keine Nahrung, kein Wasser, und kein Schiff in Sicht. Nichts. Gegen den Rat aller anderen nimmt Parker schließlich doch Meerwasser zu sich und erkrankt sehr schnell. Während er entkräftet im Rettungsboot liegt, beginnt sein Delirium, er wird von Krämpfen geschüttelt und fällt ins Koma. Jede Stunde, die vergeht, ist eine Qual, und so macht der Kapitän am 16. oder 17. Juli schließlich den Vorschlag, per Los zu entscheiden, wer von ihnen von den anderen gegessen werden darf. Doch einer der Seeleute, Edmond Brooks, weigert sich. Am nächsten Tag versucht Dudley es noch einmal, wobei er nun vorschlägt, den Schwächsten unter ihnen zu töten. So wird Richard Parker, dessen Zustand sich permanent verschlechtert, insgeheim zum Tode verurteilt. Was zunächst nur eine fixe Idee war, wird nun offensichtlich. Brooks sträubt sich zwar immer noch, aber Edwin Stephens, der vierte Schurke, gibt, ohne zu zögern, sein Einverständnis. Mit zwei Stimmen dafür und nur einer dagegen ist das Schicksal des Schiffsjungen am 25. Juli besiegelt.

> Mit einer Mischung aus Arglosigkeit und Naivität schildern die Kannibalen den Richtern und der britischen Öffentlichkeit, die den Fall mit Leidenschaft verfolgt, ihr grausames Schicksal.

Am 29. Juli, nur vier Tage nach dem Verbrechen, nimmt die *Montezuma*, ein deutscher Dreimaster, die drei Schiffsbrüchigen auf und bringt sie nach Falmouth in England. Dort werden Dudley und Stephens der vorsätzlichen Tötung und Brooks des Kannibalismus beschuldigt. Mit einer Mischung aus Arglosigkeit und Naivität schildern die Kannibalen den Richtern und der britischen Öffentlichkeit, die den Fall mit Leidenschaft verfolgt, ihr grausames Schicksal, und erweichen damit selbst die hartgesottensten Seelen. So kommt es, dass bald niemand mehr genau weiß, worüber man Gericht hält: Über einen schändlichen Mord oder über den animalischen Willen zu überleben, koste es, was es wolle? Die ersten beiden, die die Fakten nicht abstreiten, aber schwören, aus der Not heraus gehandelt zu haben, werden zum Tode verurteilt, und der dritte wird freigesprochen. Königin Viktoria macht jedoch, auf Anraten des Innenministers Sir William Harcourt, von ihrem Vorrecht Gebrauch, Milde walten zu lassen, und so wird die Todesstrafe am 12. Dezember in sechs Monate Haft umgewandelt … Die Öffentlichkeit ist zufrieden, hatte sie am Ende doch für die drei Seeleute und deren verstörende Untat Partei ergriffen. Ihr Fall aber, der bis heute von Jurastudenten debattiert wird, ist immer noch ein dunkler Fleck in der Geschichte der britischen Justiz.

DER SCHIFFSFRIEDHOF VON LANDÉVENNEC

Das Ende des großen Traums

48° 17' 16" N - 4° 16' 38" W

Nachdem sie als Wellenbrecher gedient hatte und auf dem Schiffsfriedhof von Landévennec verrostete, fährt die *Aconit* ein letztes Mal aufs Meer hinaus, um sich in eine belgische Abwrackwerft zu begeben. Früher hätte man die Fregatte sicherlich noch im Meer versenkt, doch mittlerweile ist diese Entsorgung in Europa verboten, also enden Kriegsschiffe, die reif für den Schrottplatz sind, seither in einem Hafen.

> So wie die *Aconit* warten in Landévennec mehrere Dutzend Schiffe klaglos auf den Gnadenschuss. Lange Zeit war in der kleinen Bucht von Penform das Reservegeschwader der Marinebasis Brest stationiert.

Die *Aconit* wurde Ende der 1960er-Jahre gebaut und 1973 in Dienst gestellt. Ihr Vorbild ist ein berühmtes Schiff der Forces Navales Françaises Libres (Freie Französische Seestreitkräfte), das 1943, binnen eines Tages, zwei deutsche U-Boote zerstörte, und sie gehört zu jenen seltenen Einheiten der französischen Marine, die nie wirklich hielten, was sie versprachen. Ursprünglich war die *Aconit* eine Korvette, der Prototyp einer neuen Schiffsklasse zur U-Boot-Abwehr – doch war sie stets auf der Suche nach ihrer Bestimmung. Anschließend, als Fregatte, bekam sie zwei Mal eine neue Schiffsnummer aufgemalt und tat ihr Möglichstes, ihrem Auftrag gerecht zu werden. Am 27. Februar 1997 ist Schluss! Im Rahmen der Flottenverkleinerung wird sie vorzeitig außer Dienst gestellt und verliert ihren Taufnamen; diesen trägt fortan die vierte Tarnkappenfregatte der La-Fayette-Klasse.

So wie die *Aconit* warten in Landévennec mehrere Dutzend Schiffe klaglos auf den Gnadenschuss. Die kleine Bucht von Penform liegt im hinteren Teil der Reede von Brest, eingebettet in die letzte Windung der Aulne, die sich um die Insel Térénez schlängelt. Lange Zeit war hier das Reservegeschwader der Marinebasis Brest stationiert. Doch dann wurde die Bucht in einen Liegeplatz und schließlich in einen Friedhof für ausgemusterte Schiffe umgewandelt. Bis 2016 lag hier, vertäut zwischen zwei weiteren, vom Salz und von der Gischt zerfressenen Schiffskörpern, die *Colbert*, ein

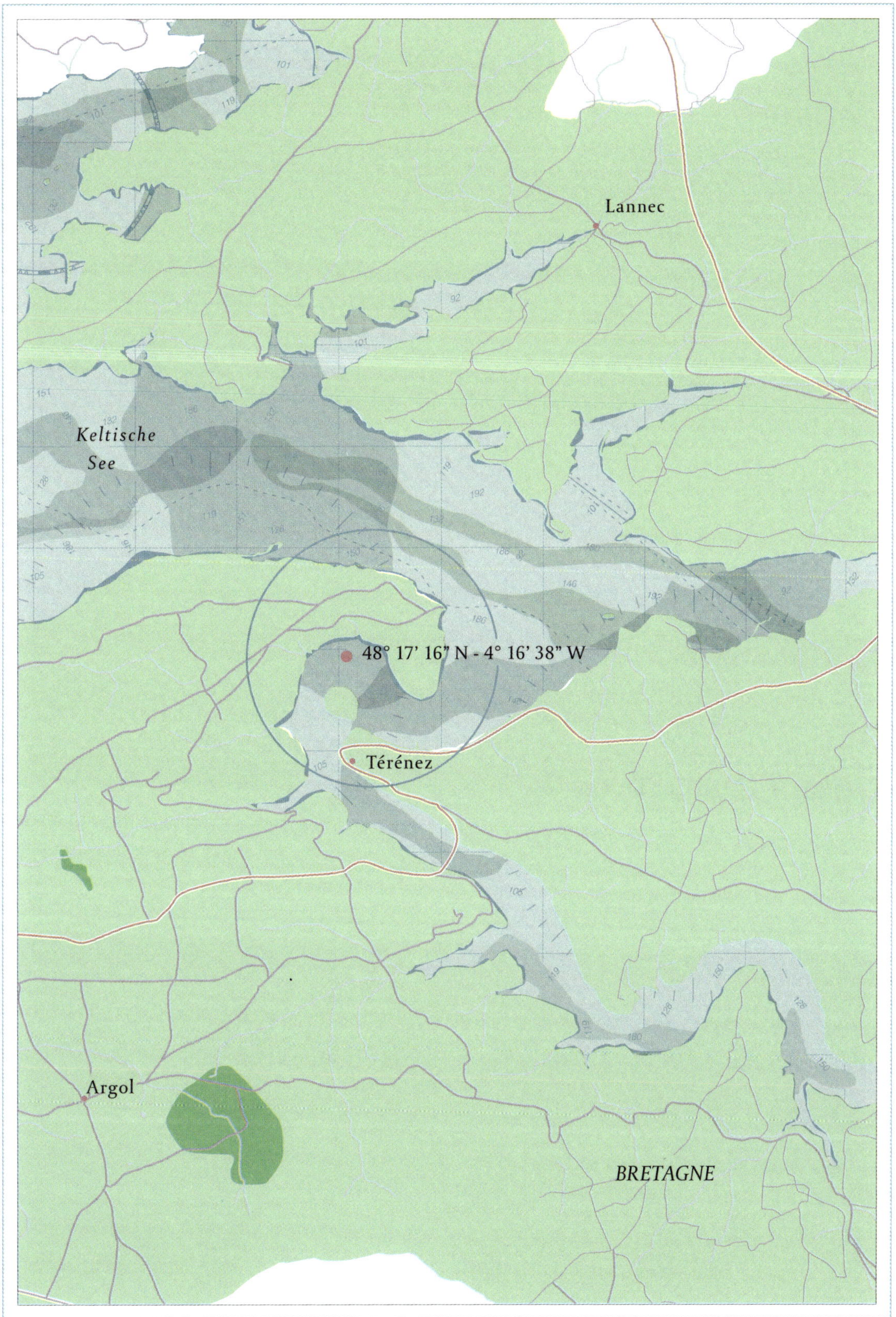
Lannec
Keltische
See
48° 17' 16" N - 4° 16' 38" W
Térénez
Argol
BRETAGNE

ehemaliger Kreuzer, der im Jahr 1967 General de Gaulle zu einem Staatsbesuch nach Kanada brachte. Der Schlepper *Ernest Brown*, gebaut für die Landung der Alliierten in der Normandie am 6. Juni 1944, wartete hier über zehn Jahre lang auf seinen Rückbau. Auch die Reise der außergewöhnlichen *Kometa* ging in Landévennec zu Ende: Das sowjetische Tragflächenboot aus den 1970er-Jahren fegte mit 34 Knoten über das Wasser und setzte zuletzt im Auftrag der lokalen Schifffahrtsgesellschaft in nur 20 Minuten von Ouessant nach Le Conquet über. Ebenso die einstigen Fährschiffe *Ondine, Faune* und *Néréide*, sowie die Patrouillenboote vom Typ P400, *La Boudeuse, La Fougueuse* und *La Railleuse*. Zu den zahllosen Schiffen, die von den Meeren verschwunden sind, zählen historische Berühmtheiten wie die Fregatte *De Grasse*, das als Geleitschiff eingesetzte Schnellboot *Enseigne de Vaisseau Henry* oder das Geleitboot zur U-Boot-Abwehr *La Galissonnière*. Mit dem Panzerkreuzer *Flandre*, dem Lazarettschiff *Armorique*, dem Baggerschiff *Alençon* sowie den Liberty-Frachtern *Le Verdon, Courseulles* und *Orléans* fühlt man sich versetzt in die verschiedenen Regionen und Städte Frankreichs. Anschließend blättert man im Herbarium der französischen Marine – dank ihrer Minenräumboote *Capucine*, *Dahlia*, *Hortensia*, *Œillet*, *Pétunia* und *Tulipe*, die im Laufe der 1980er-Jahre nacheinander abgewrackt wurden. Der einstige Flugzeugträger *Clemenceau* sollte ihnen eigentlich nachfolgen, doch aufgrund der engen Durchfahrt und der Untiefen bei Le Capelan war eine Überführung unmöglich. Auch der legendäre Hubschrauberträger *Jeanne d'Arc*, der als Schulschiff jahrelang die Weltmeere befuhr und im Juni 2010, nach seiner letzten Fahrt durch die Fjorde Patagoniens, außer Dienst gestellt wurde, konnte dem bretonischen Schiffsfriedhof entgehen. Wenig später, Ende 2016, wurde die *Jeanne d'Arc* in einem Hafen in der Gironde von Asbest befreit und in Stücke zerlegt. Seither trug kein anderes Schiff ihren Namen.

Zu den zahllosen Schiffen, die von den Meeren verschwunden sind, zählen historische Berühmtheiten wie die Fregatte *De Grasse*, das Schnellboot *Enseigne de Vaisseau Henry* oder das Geleitboot *La Galissonnière*.

DIE *THÉSÉE*

Ein düsterer Tag für Admiral de Conflans

47° 19' 56" N - 2° 45' 59" W

Südwestlich der Vilaine-Mündung, rund elf Seemeilen von Le Croisic und sechs Seemeilen von Hœdic entfernt, dreht die *Cassiopée*, ein Minensuchboot der französischen Marine, gemächlich eine weitere Runde. Dann werden zwei Taucher zu Wasser gelassen. Im Schlick und im trüben Wasser entdecken sie – verborgen unter Gesteinsablagerungen – eine beträchtliche Menge Holz. Das Forschungsteam, das seit Jahren eifrig nach der *Thésée* sucht, hält den Atem an. Am 20. November 1759, mitten in einem Sturm, sank dieses 74-Kanonen-Schiff während der Seeschlacht in der Bucht von Quiberon – eine verheerende Niederlage für die französische Flotte. Zwei Monate später sucht das Forschungsschiff *André Malraux* im Auftrag des französischen Kultusministeriums das betreffende Gebiet ab. 20 Meter unter der Meeresoberfläche finden die Archäologen schließlich die Bestätigung, dass hier tatsächlich das Wrack der *Thésée* entdeckt wurde, die bei ihrem ersten Einsatz gesunken war.

Damals, drei Jahre nach Ausbruch des Siebenjähriges Krieges, träumte Frankreich davon, in Schottland an Land zu gehen, um gegen den englischen König zu kämpfen, doch an jenem Tag verliert die französische Flotte sechs ihrer stärksten Kriegsschiffe. Dennoch ließ sich Admiral de Conflans, der auf Belle-Île zusteuerte, nicht beirren und entschied, die Bucht anzulaufen, um dort Zuflucht zu suchen. Auf englischer Seite griff Admiral Edward Hawke sogleich die Nachhut der Franzosen an. Die *Formidable*, bestückt mit 80 Kanonen, kämpft mit dem Mut der Verzweiflung und geht beinahe unter. Unter den Überlebenden ist der junge Jean-François

Das Forschungsteam, das seit Jahren eifrig nach der *Thésée* sucht, hält den Atem an. Am 20. November 1759, mitten in einem Sturm, sank dieses 74-Kanonen-Schiff während der Seeschlacht in der Bucht von Quiberon – eine verheerende Niederlage für die französische Flotte.

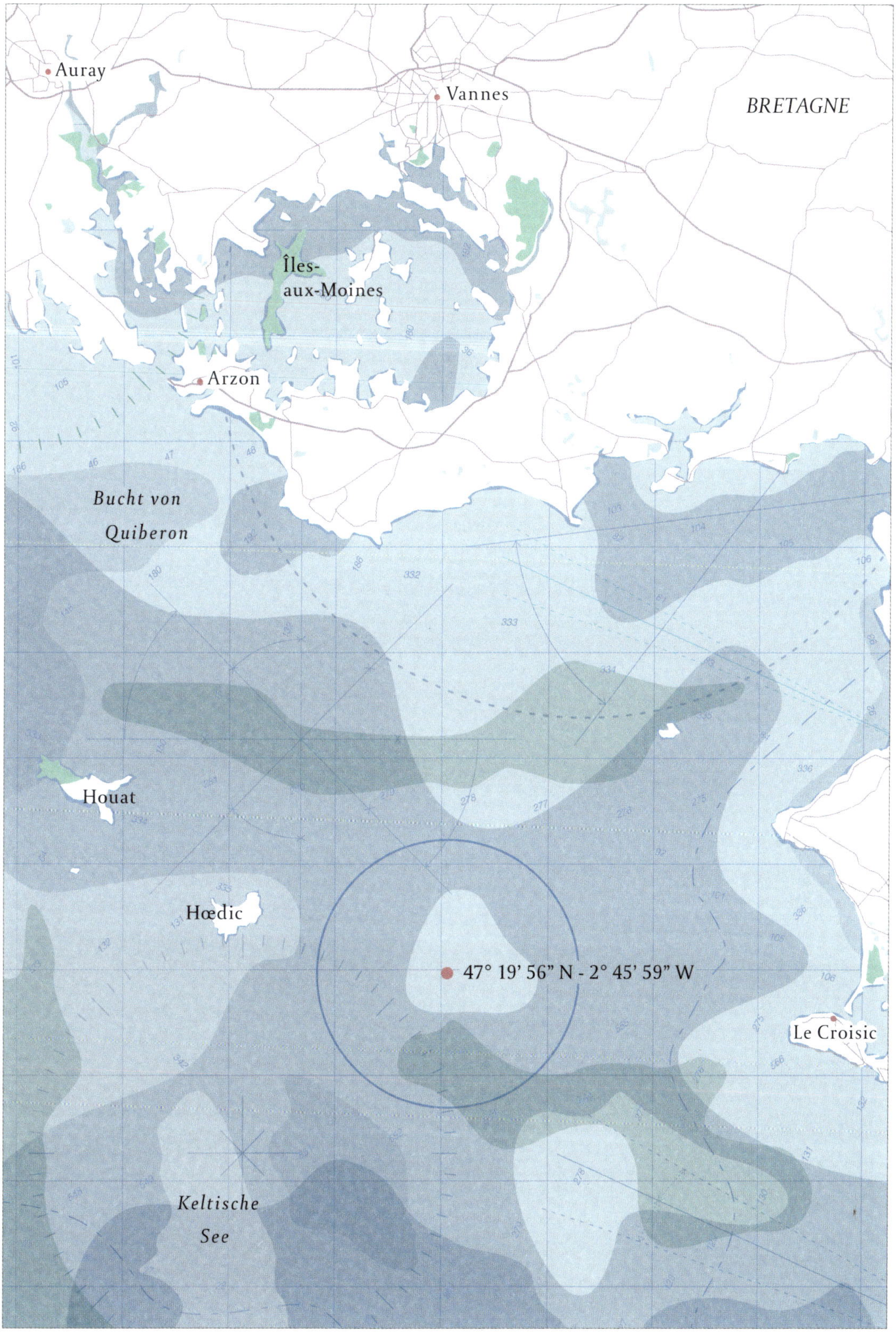
Auray
Vannes
BRETAGNE
Îles-
aux-Moines
Arzon
Bucht von
Quiberon
Houat
Hœdic
47° 19' 56" N - 2° 45' 59" W
Le Croisic
Keltische
See

de La Pérouse, der später den Pazifik erkunden sollte. Anschließend ist die *Héros* gezwungen, die Flagge zu streichen. Der Wind nimmt zu und weht aus unterschiedlichen Richtungen. Eine lineare Gefechtsformation hält dem Feind nicht stand. Gegen die 23 Schiffe des englischen Geschwaders haben die Franzosen keine Chance. Zwei 74-Kanonen-Schiffe, die *Superbe* und die *Thésée*, sinken bei einem Rettungsmanöver in zunehmend stürmischer See. Das erforderliche, aber überstürzte Wenden bei starkem Seegang – die Pforten ihrer unteren Batteriedecks sind noch geöffnet – führt dazu, dass die *Thésée* untergeht, ohne einen einzigen Schuss abgefeuert zu haben. Und mit ihr 630 Menschen, darunter der Schiffskapitän, Guy-François Kersaint, Comte de Coëtnempren, sowie zwei seiner Söhne, Jacques Guy-François und Guy-François. Gerettet werden lediglich 22 Seeleute, die sich an den noch aus dem Wasser ragenden Masten festklammern. Am Abend des Gefechts läuft die *Soleil Royal*, das 80-Kanonen-Flaggschiff, vor Le Croisic auf Grund, gefolgt von der *Héros*. Unterdessen sinkt die verteidigungsunfähige *Juste* mitsamt ihren 70 Kanonen in der Loire-Mündung. Die Engländer hingegen verlieren nur zwei ihrer Schiffe: die *Essex* und die *Resolution*, deren Bordwände von den Korallenriffen des Plateau du Four aufgerissen wurden. Damit die *Soleil Royal* nicht dem Feind in die Hände fällt, gibt Conflans den Befehl, sie in Brand zu stecken. Im Schutz des Rauchs der Feuerbrunst nähern sich die Engländer in einigen Beibooten und setzen die *Héros* in Flammen. Acht Schiffe aus dem Geschwader des Vizeadmirals, der sogenannten Flotte du Ponant (Westwind-Flotte), sind in Richtung Rochefort entkommen; elf weitere sitzen, infolge der Blockade durch die Engländer, in der Vilaine-Mündung fest. Es ist ein Desaster. Als Conflans zusammen

Das überstürzte Wenden bei starkem Seegang – die Pforten ihres unteren Batteriedecks sind noch geöffnet – führt dazu, dass die *Thésée* untergeht, ohne einen einzigen Schuss abgefeuert zu haben. Und mit ihr 630 Menschen. Gerettet werden nur 22 Seeleute, die sich an den aus dem Wasser ragenden Masten festklammern.

mit der Mannschaft der *Soleil Royal* an Land geht, übergibt er dem Stadtkommandanten von Le Croisic seinen Degen, mit den prophetischen Worten: »Nehmen Sie ihn, Monsieur, ich glaube nicht, dass ich ihn noch brauchen werde.« Die Schwere der Niederlage ist unerträglich. Seine Offiziere geben ihm die Schuld; Versailles wendet sich von ihm ab; und ein in Nantes erschienenes Pamphlet verspottet seine Besatzung: »diese Heroen«, hätten »das Signal zum Angriff mit dem Signal zum Rückzug« verwechselt! Wissen sie überhaupt, wofür sie gekämpft haben? Der Konflikt zwischen dem französischen Königreich, Österreich, Russland und ihren Verbündeten auf der einen Seite und Großbritannien sowie Preußen auf der anderen Seite hat sich derart zugespitzt, dass nun in Mitteleuropa wie auch in den Kolonien in Amerika und Asien Krieg herrscht. Nichts scheint die Konfliktparteien zu bremsen. Das Spiel der Allianzen treibt sie dazu, sich unablässig zu bekriegen, zu Land wie zu Wasser. In diesem weltumspannenden Krieg ist die Seeschlacht in der Bucht von Quiberon nur eine Episode, doch für die ausgeblutete französische Marine bedeutet sie den Verlust ihrer Vormachtstellung auf See. Auf den Ozeanen weht nun der Union Jack.

DAS BOOT DER BONAPARTE HINTER MAUERN

Ein kaiserliches Wasserfahrzeug

48° 23' 25" N - 4° 29' 12" O

In nur 21 Tagen wurde das sog. *Canot Impérial* Napoleons I. gebaut, damit der Kaiser standesgemäß das neue Arsenal in Antwerpen inspizieren konnte; doch auf dem Wasser war es selten unterwegs. Der Schiffszimmermann Théau aus Granville baute es nach einem Entwurf des Ingenieurs Guillemard, die Ausschmückung übernahm der Bildhauer van Petersen. Bekrönt wird das über 18 Meter lange und 3,3 Meter breite Boot von einem mit Feingold überzogenem Dach, das man eher auf einer Kutsche als auf einem Kahn verorten würde. Doch was tut man nicht alles, um dem Sieger von Austerlitz zu schmeicheln, der weder ein Freund des Meeres noch der Seeleute war. Am 30. April 1810 fährt das üppig beflaggte Ruderboot mit 28 Matrosen der kaiserlichen Garde unter Jubelrufen in die Stadt ein. An Bord befinden sich Napoleon I. und die junge Kaiserin Marie-Louise, die das Flaggschiff *Charlemagne* besichtigen, dem Stapellauf des 80-Kanonen-Schiffs *Friedland* beiwohnen und die gesamte Flotte in Augenschein nehmen. Anschließend liegt es monatelang im Hafen. Nach der Abdankung von Bonaparte und dem Fall von Antwerpen im Jahr 1814 lässt Ludwig XVIII. das Boot nach Brest bringen, wo es in Vergessenheit gerät. Im August 1858 wird es generalüberholt, damit Kaiser Napoleon III. und Kaiserin Eugénie die Reede sowie den Hafen besuchen und im Anschluss daran die Penfeld flussaufwärts bis La Villeneuve fahren können. Ganz im Stil des Second Empire ist das Boot nun mit einer gigantischen vergoldeten Kaiserkrone und einer prunkvollen Galionsfigur bestückt, die Neptun mit seinem Dreizack zeigt, flankiert von Cherubinen und Delfinen. Während der Dritten Republik nutzen die Präsidenten das Boot, 1896 Félix Faure und 1902 Émile Loubet, ohne die Insignien des gestürzten Kaisers entfernen zu lassen. Denn in der pomphaften Republik ist man den alten Vergoldungen keineswegs abgeneigt. Am 19. November 1922 sticht das herrschaftliche Boot anlässlich des Festes der Marineschule ein letztes Mal in See. Um es vor den Bombenangriffen der Alliierten auf den U-Boot-Stützpunkt Brest in Sicherheit zu bringen, wird es im Mai 1943 nach Paris gebracht. Doch bei der Ankunft stellt sich heraus, dass die Tore des Marinemuseums zu schmal sind. Im August 1945 schlägt man schließlich eine breite Bresche in die Außenmauer des Palais de Chaillot, wo das kaiserliche Boot für die nächsten 73 Jahre hinter Mauern verbleibt, bevor es Paris im Oktober 2018 endgültig verlässt, um in seinen Heimathafen Brest zurückzukehren.

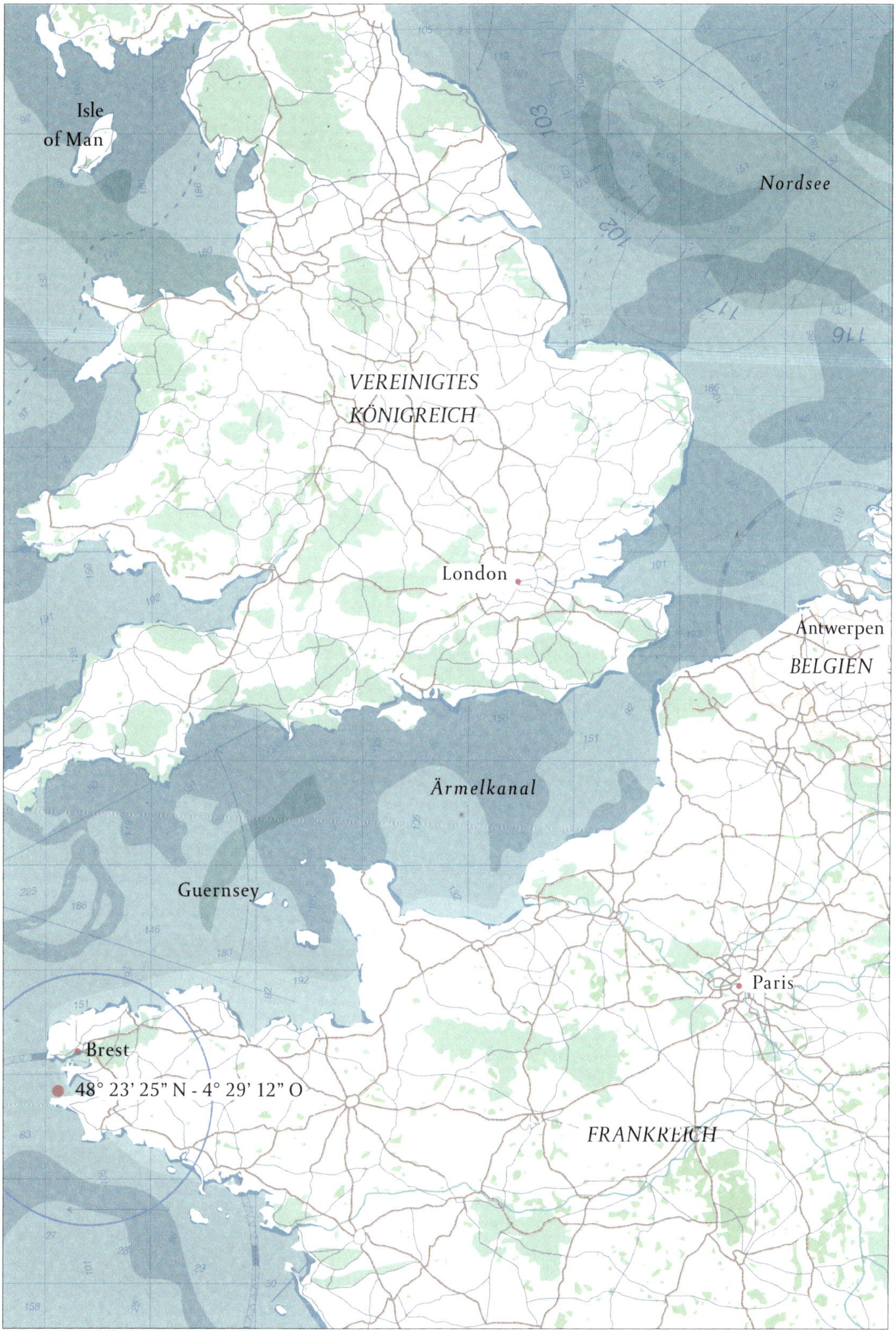
Isle
of Man
Nordsee
VEREINIGTES
KÖNIGREICH
London
Antwerpen
BELGIEN
Ärmelkanal
Guernsey
Paris
Brest
48° 23' 25" N - 4° 29' 12" O
FRANKREICH

DIE SCHIFFSSIRENE DER *DRUMMOND CASTLE*

Das Gedächtnis der Inseln

48° 23' 03" N - 5° 02' 33" W

Auf den Ponant-Inseln Molène und Ouessant erinnert man sich bis heute an das Unglück der *Drummond Castle*, eines britischen Ozeanriesen, der bei der Einfahrt in die Passage du Fromveur am Riff Pierre-Vertes zerschellte. Noch immer ist ungeklärt, was das Passagierschiff damals, in der Nacht des 16. Juni 1896, in dieser tückischen Passage zu suchen hatte, deren Gezeitenströmungen zu den stärksten der Erde zählen.

> Die Rettungsboote werden zu Wasser gelassen. Doch dann geht der Dampfer in weniger als zehn Minuten unter, ohne dass noch ein Notruf ausgesendet oder die Menschen von Bord in Sicherheit gebracht werden können.

Manche behaupten, Kapitän William Pierce hätte den Kurs falsch berechnet und sich bereits in Sicherheit gewähnt, da er glaubte, die Ponant-Inseln hinter sich gelassen zu haben. Andere sagen, der dichte Nebel vor der bretonischen Westspitze sei schuld gewesen, und fügen spöttisch hinzu, dass das Bordfest, das am Vorabend der Ankunft in London veranstaltet wurde, wohl die Sinne der Besatzung getrübt habe.

Unmittelbar nach dem Aufprall versinkt der Bug im Meer, doch da das Schiff offenkundig nicht in Schieflage gerät, erkennen die Seeleute nicht sofort den Ernst der Lage. Kapitän Pierce glaubt, auf Grund gelaufen zu sein, und bleibt zuversichtlich. Das 1881 gebaute Passagierschiff von der Glasgower Reederei Castle Line, ist schließlich robust und hat schon Einiges durchgemacht. Auch die Besatzung bewahrt Ruhe und ruft die Passagiere zusammen; eine Panik soll auf jeden Fall vermieden werden. Im Maschinenraum lässt man vorsichtshalber Dampf ab, damit die Kessel im Fall eines Wassereinbruchs, nicht zu explodieren drohen. Die Rettungsboote werden zu Wasser gelassen. Doch dann geht der Dampfer in weniger als zehn Minuten unter, ohne dass noch ein Notruf abgesendet oder die Menschen von Bord in Sicherheit gebracht werden können.

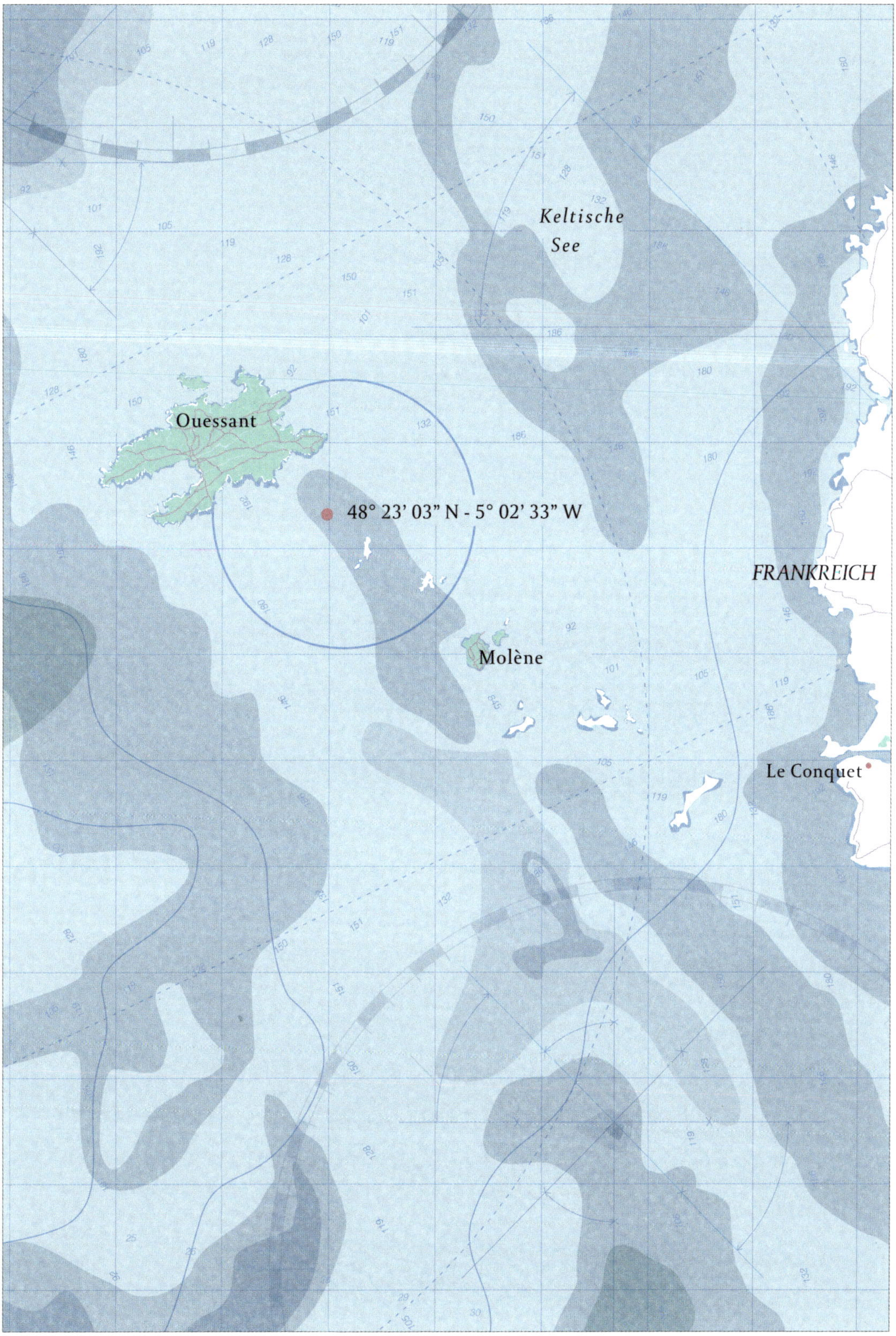
Keltische
See
Ouessant
48° 23' 03" N - 5° 02' 33" W
FRANKREICH
Molène
Le Conquet

Am Morgen des 17. Juni fährt Mathieu Masson, Eigentümer der Slup *Couronne de Marie*, von der Insel Molène zu seinen Reusen und fischt dabei zwei Schiffbrüchige aus dem Wasser. Joseph Berthelé aus Ouessant rettet einen dritten, der erschöpft und vor Kälte wie erstarrt ist. Dies sind die einzigen Überlebenden.

Denn fast alle 250 Menschen, die sich an Bord befanden, darunter etwa 100 Besatzungsmitglieder, sind ertrunken. Wochenlang spült das Meer Leichen und Wrackteile an die Küste. An Land werden die Opfer auf den örtlichen Friedhöfen beigesetzt; Schiffssegel werden zurechtgeschnitten, um als Leichentücher zu dienen, Cafés werden zu Aufbahrungshallen umfunktioniert, und die schauerlichen Funde bestimmen das tägliche Leben.

Eine Familie spendet sogar die Sonntagskleidung ihrer Söhne und Töchter, damit die bei dem Schiffbruch ums Leben gekommenen Kinder angemessen bestattet werden können. Die Opferbereitschaft der Inselbewohner ist bemerkenswert. Während der Totenwache erzählt man sich, die Sirene des Schiffs wäre des Nachts zu hören, und gelegentlich erschiene die Silhouette einer Frau, die ganz in Weiß gehüllt über die Wellen schwebt. So überlagert die Legende das Drama.

An Land werden die Opfer auf den örtlichen Friedhöfen beigesetzt; Schiffssegel werden zurechtgeschnitten, um als Leichentücher zu dienen, Cafés werden zu Aufbahrungshallen umfunktioniert, und die schauerlichen Funde bestimmen das tägliche Leben.

England ist unterdessen zutiefst erschüttert, und die Zeitungen rufen zu einer landesweiten Spendenaktion auf. Königin Viktoria verleiht Auszeichnungen und schenkt den Bewohnern von Molène einen mit Edelsteinen verzierten Kelch aus vergoldetem Silber, eine Sonnenuhr sowie eine Zisterne, die das Regenwasser auffangen soll. Ouessant bekommt das fehlende Geld, um den Glockenturm der Kirche Saint-Pol-Aurélien fertigzustellen, und die Gemeinde Ploudalmézeau die nötigen Mittel, um eine neue Ufermauer zu bauen und den Hafen Portsall umzugestalten.

Im Jahr 1904 beschließt die sogenannte Leuchtturmkommission letztendlich, die Markierung der Passage du Fromveur und des

Seegebietes um Ouessant zu verbessern, und lässt die Leuchttürme Phare de la Jument, gefolgt von dem Phare de Kéréon (1907) und dem Phare de Nividic (1912) errichten. Ohne den schockierenden und spektakulären Untergang der *Drummond Castle* wäre all dies womöglich niemals passiert.

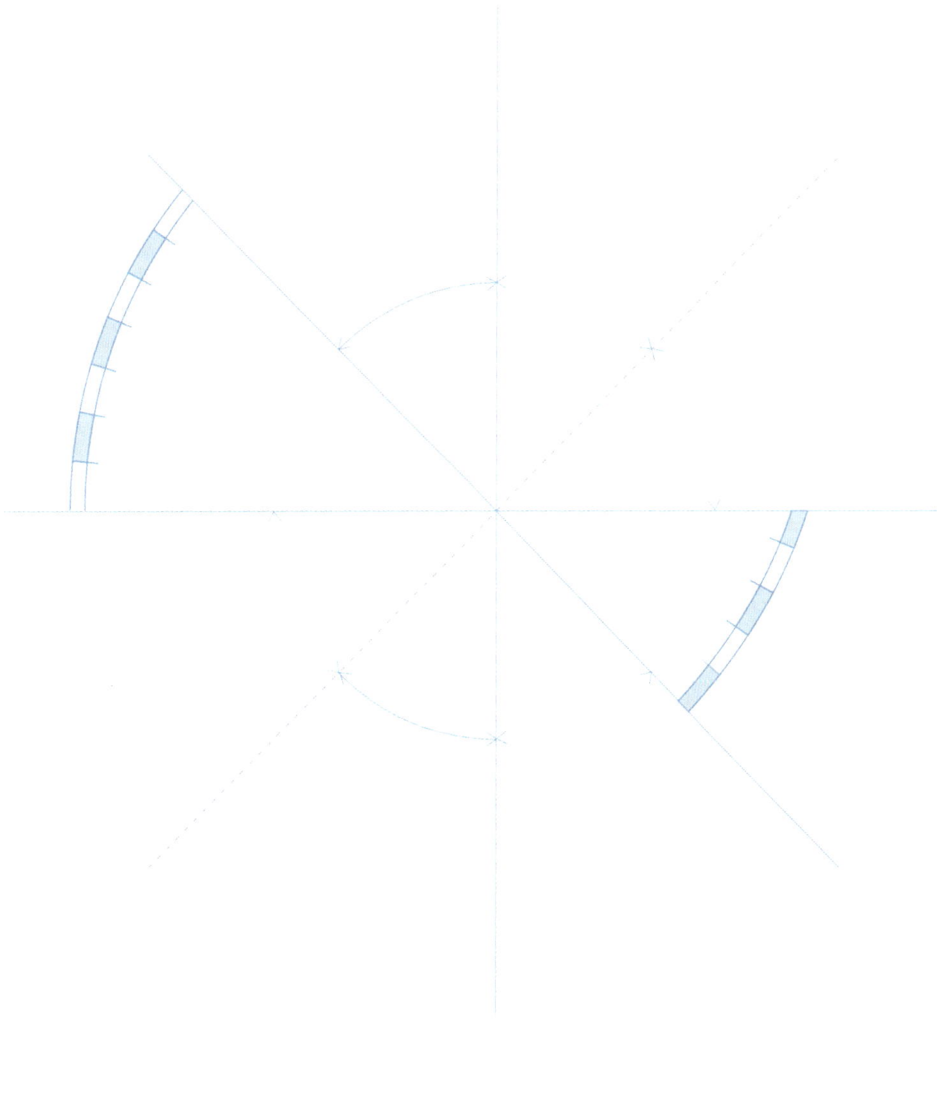

DIE AFFÄRE UM DIE *SEDOV*

Wie die Konfiszierung eines der weltweit größten Segelschiffe das Hafenfest von Brest sabotierte

48° 23' 22" N - 4° 29' 15" W

In jedem Hafen sorgt die Ankunft der russischen Viermastbark *Sedov*, des größten Segelschulschiffs weltweit, für Begeisterung. Doch am 13. Juli 2000, als die Hafenfeste in Brest und Douarnenez gerade in vollem Gange sind, taucht am Fallreep der Sedov ein etwas unentschlossener Gerichtsvollzieher auf und erklärt den 176 Besatzungsmitgliedern – 100 Kadetten von der Marineakademie in Murmansk, 15 Schüler aus Moskau, der jüngste ist 13 Jahre alt, und ihre Offiziere –, dass er das Schiff beschlagnahmen muss. Dem Kommandanten Victor Michenev, der kein Wort Französisch spricht, präsentiert er ein offizielles Schreiben, demzufolge das Gericht in Brest den 117 Meter langen Großsegler mit sofortiger Wirkung konfiszieren lässt; Grund dafür seien finanzielle Streitigkeiten zwischen Russland und einer Import-Export-Firma aus der Schweiz. Niemand an Bord hat je davon gehört, und so glaubt man zunächst, es handle sich um einen Scherz.

Doch die Geschichte ist wahr: Die klagende Firma schloss 1991 einen Handel mit dem Kreml ab, um Waren des täglichen Bedarfs zu liefern und im Gegenzug Erdöl und Gas zu erhalten. Im Vertrag, der sich auf mehr als 1,45 Milliarden Dollar beläuft, ist festgeschrieben, dass im Falle eines Rechtsstreits der russische Staat seine Immunität verliert und die Schulden durch staatliche Vermögenswerte tilgen muss. Einige Monate darauf bricht die UdSSR jedoch auseinander, und die Lieferungen entfallen. Nach endlosen Verhandlungen beschreiten die Schweizer schließlich den Rechtsweg und erwirken beim Schiedsgericht in Stockholm eine Verfügung: Moskau muss aufgrund des eindeu-

> Der Gerichtsvollzieher präsentiert ein offizielles Schreiben, demzufolge das Gericht in Brest den 117 Meter langen Großsegler mit sofortiger Wirkung konfiszieren lässt; Grund dafür seien finanzielle Streitigkeiten zwischen Russland und einer Firma aus der Schweiz.

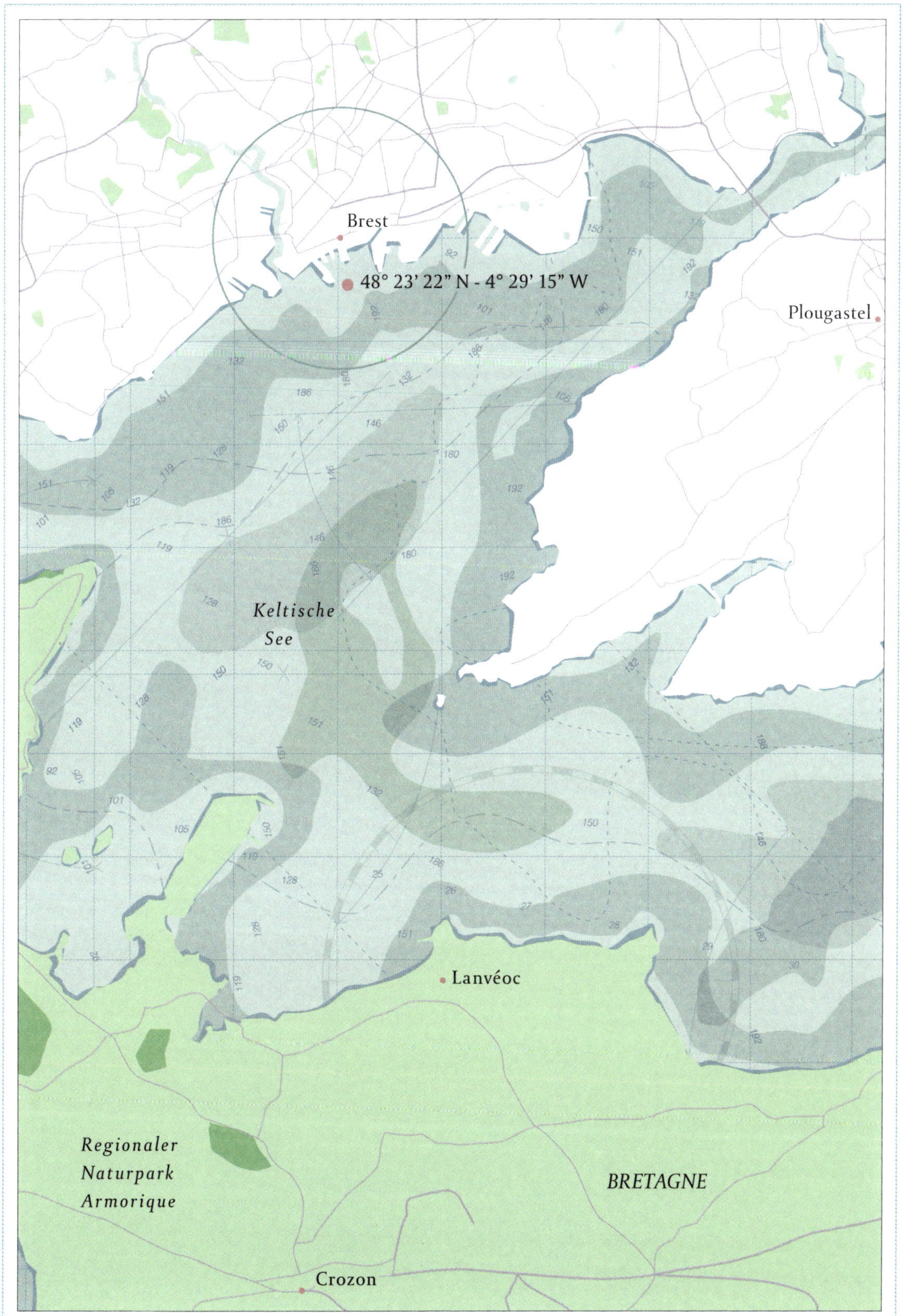
Brest
48° 23' 22" N - 4° 29' 15" W
Plougastel
Keltische
See
Lanvéoc
Regionaler
Naturpark
Armorique
BRETAGNE
Crozon

tigen Vertragsbruchs 23 Millionen Dollar zahlen. Russland erhebt Einspruch.
Doch die schwedische Justiz verurteilt Russland erneut und erhöht den Entschädigungsbetrag um weitere 40 Millionen Dollar. Das Urteil stellt einen Präzedenzfall dar und gibt den Gläubigern das Recht, von nun an alles zu beschlagnahmen, was sich im Besitz der Russischen Föderation befindet, um es anschließend zu veräußern und sich das ihnen zustehende Geld zurückzuholen.
Im zweitgrößten Marinehafen Frankreichs, wo sich fast eine Million Besucher eingefunden haben, um in der Hauptsaison einige der bedeutendsten, hier vereinten historischen Großsegler zu besichtigen, werden die Veranstalter durch den Vorfall überrumpelt.
Die Presse stürzt sich auf das Schiff, ein zusätzliches Opfer des Zerfalls der Sowjetunion; die Schweizer jubilieren, und Moskau, das mit jedem Tag gereizter wird, verlangt nachdrücklich, Paris solle die Angelegenheit in Ordnung bringen. Ebenso wie die *Krusenstern* und die *Mir*, zwei weitere Großsegler unter russischer Flagge, nimmt die *Sedov* seit Jahren an den Hafenfesten teil, die im örtlichen Veranstaltungskalender rot vermerkt sind – und ihr Fehlen wäre katastrophal. Auf Drängen der Öffentlichkeit willigt der vorsitzende Richter schließlich ein, das Schiff an den Regatten teilnehmen zu lassen. Nach der darauffolgenden Urteilsverkündung wird die Konfiszierung aufgehoben. In Brest ist man erleichtert.

Die Presse stürzt sich auf das Schiff, ein zusätzliches Opfer des Zerfalls der Sowjetunion.

Doch binnen einer Stunde legen die Anwälte der gegnerischen Seite beim Berufungsgericht in Rennes Beschwerde ein. Um jedoch einen Aufschub zu erwirken, muss zuvor förmlich Einspruch eingelegt werden. An jenem Tag ist nun allerdings das Büro der Staatsanwaltschaft in Rennes geschlossen ... und die *Sedov* hat sich heimlich über das Meer davongemacht. Die Schweizer sprechen von einem Versagen der Justiz, in Verbindung mit einem unrechtmäßigen Einschreiten des französischen Staates, und versuchen ein letztes Mal, ihre Juristen auf den Fall anzusetzen. Doch zu spät, das Schiff ist bereits auf dem Weg nach Madeira. Die Kläger haben eine Schlacht verloren, nicht jedoch den Krieg.
2001 versuchen sie, bei der Pariser Luftfahrtschau Salon du Bourget zwei Jagdflugzeuge der russischen Luftwaffe zu konfiszieren;

und 2005 wollen sie 54 Meisterwerke des Impressionismus beschlagnahmen, die aus der Sammlung des Moskauer Puschkin-Museums stammen und in der Fondation Pierre-Gianadda in Martigny (Schweiz) gezeigt werden. Ohne jeglichen Erfolg.

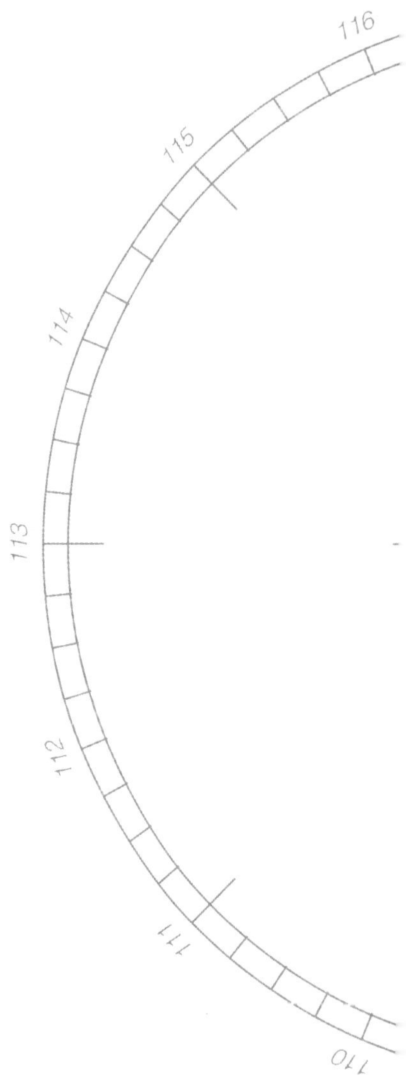

Ebenso wie die *Krusenstern* und die *Mir*, zwei weitere Großsegler unter russischer Flagge, nimmt die *Sedov* seit Jahren an den Hafenfesten teil, die im örtlichen Veranstaltungskalender rot vermerkt sind – und ihr Fehlen wäre katastrophal.

DIE *DUGUAY-TROUIN*

Das Schiff, das Frankreich zweimal verlor

50° 38' 33" N - 1° 19' 20" W

Sie war das letzte französische 74-Kanonen-Schiff und eines der ältesten Kriegsschiffe der Welt, doch Frankreich hatte kein Interesse an ihr. Als Spielball der Wellen endete die *Duguay-Trouin* am 2. Dezember 1949, beladen mit 450 Tonnen Ballast und Sprengstoff, östlich der Isle of Wight. Zuvor war sie länger unter der Flagge der Royal Navy gesegelt als unter der Trikolore. Ihre Eroberung während des Gefechts bei Kap Ortegal, vor der Küste Galiciens, am 4. November 1805, markiert das Ende der Schlacht von Trafalgar. An jenem Tag setzt Konteradmiral Strachan das französische Geschwader von Konteradmiral Dumanoir außer Gefecht. Das zwischen 1794 und 1801 in Rochefort gebaute Schiff wird in HMS *Implacable* umbenannt und bis 1813 gegen die russische Flotte in der Ostsee eingesetzt; 1840 ist es an der Blockade der syrischen Küste und Alexandrias beteiligt. Nach ihrer Außerdienststellung 1842 kehrt sie 1855 nach Devonport zurück und wird als Ausbildungsschiff genutzt. Am Quai verrottet allmählich das einst »schönste Schiff des Mittelmeeres« und entgeht 1908 nur knapp der Verschrottung. Es wird von einem Marine-Fan aufgekauft und dient in der Folge als Unterkunft für Seepfadfinder. 1930 starten der Londoner Bürgermeister und der Herzog von York eine Spendenaktion, um die *Implacable* restaurieren zu lassen, doch das Geld reicht nicht aus. Im Juni 1932 wird der Schiffsrumpf nach Portsmouth geholt, wo er neben der HMS *Victory*, dem berühmten Schiff von Admiral Nelson, seinen Liegeplatz findet. Im Januar 1947 wird die *Implacable* endgültig außer Dienst gestellt und aufgegeben. Die Angelegenheit gerät zum Politikum, und auf beiden Seiten des Ärmelkanals werden Initiativen gegründet, um das Schiff an Frankreich zurückzugeben und es auf diese Weise zu retten. Rochefort und Nantes erklären sich dazu bereit, doch der Marineminister ist dagegen. In Zeiten des wirtschaftlichen Wiederaufbaus gäbe es wichtigere Aufgaben, als ein Schiff aus dem 18. Jahrhundert zu restaurieren. Ein letztes Mal versucht der Direktor des Marinemuseums die Militärbehörde umzustimmen, woraufhin diese erklärt, dass »ein besiegtes Schiff keinerlei Anrecht darauf hat, in seine Heimat zurückzukehren«. Die Galionsfigur der *Implacable* wird abmontiert, ebenso die Heckverzierung und die Ankerwinde. An seinem Todestag verlässt das mächtige Schiff die Reede von Portsmouth, begleitet vom Gesang der Royal Marines, die »God Save the Queen« und die »Marseillaise« anstimmen. Die *Implacable* wird aufs offene Meer hinausgeschleppt, wo sie gesprengt wird und mit gehisster Flagge in der Tiefe versinkt.

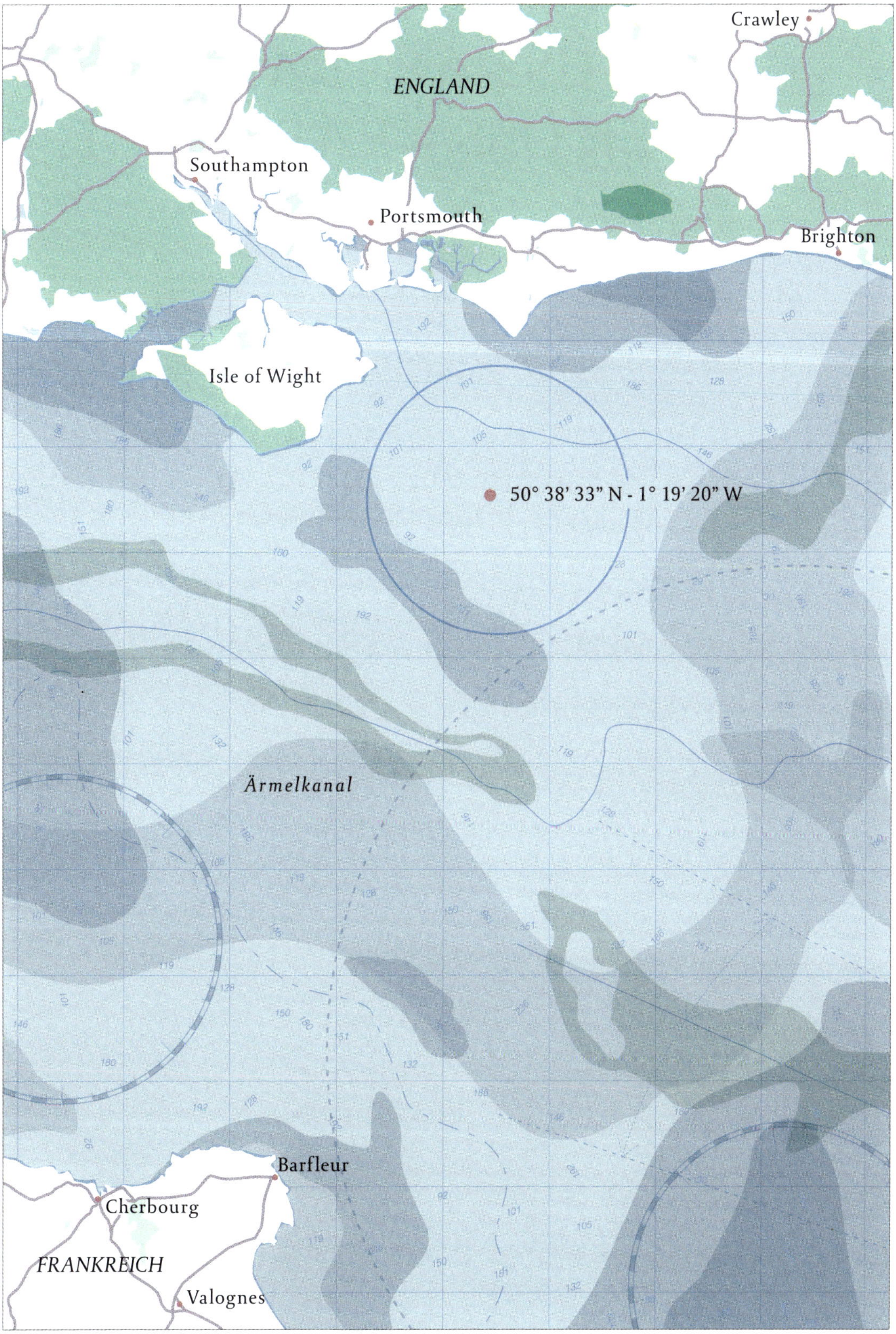
Crawley
ENGLAND
Southampton
Portsmouth
Brighton
Isle of Wight
50° 38' 33" N - 1° 19' 20" W
Ärmelkanal
Barfleur
Cherbourg
FRANKREICH
Valognes

DAS SEE-DUELL DER CSS *ALABAMA* MIT DER USS *KEARSARGE*

Wie der Sezessionskrieg plötzlich in Cherbourg aufkreuzte

49° 38' 03" N - 1° 37' 33" W

Als der Korsar der Konförderierten, die *Alabama*, und die Slup der Union, USS *Kearsarge*, am 19. Juni 1864 im Ärmelkanal aufeinandertreffen, drängen sich die Schaulustigen auf der Anhöhe von Cherbourg sowie auf der Landspitze von Querqueville. Als einer

Édouard Manets Gemälde *Die Schlacht zwischen der Kearsarge und der Alabama*, heute im Besitz des Philadelphia Museum of Art, zählt zu jenen Kunstwerken, die diese spektakuläre Episode des Sezessionskrieges am treffendsten wiedergeben.

der Ersten – so will es die Legende – war der impressionistische Maler Édouard Manet zur Stelle. Wie es scheint, wurde sein berühmtes Gemälde aber vor allem durch die Berichte von Zuschauern inspiriert. *Die Schlacht zwischen der Kearsarge und der Alabama*, heute im Besitz des Philadelphia Museum of Art, zählt zu jenen Kunstwerken, die diese spektakuläre Episode des Sezessionskrieges am treffendsten wiedergeben.

Nach einer über zweijährigen Kaperfahrt nähert sich die CSS *Alabama* am 11. Juni 1864 der Halbinsel Cotentin, doch das Schiff von Kapitän Raphael Semmes ist in einem üblen Zustand. Seine kupferne Panzerung wurde beschädigt und sein Rumpf muss repariert werden. Das Südstaatenschiff, das Dutzende Walfänger und Handelsschiffe der Union gekapert und sich allen Nachstellungen entzogen hatte, ist der Angstgegner der Unionsstaaten; und Frankreich, obwohl eigentlich neutral, gewährt ihm nur mit Verzögerung die Einfahrt in sein Arsenal. Da die *Alabama* angeblich Gefangene an Bord hat, ist die diplomatische Situation umso problematischer. Nachdem der Vertreter der Vereinigten Staaten durch seinen Konsul benachrichtigt wurde, veranlasst er unverzüglich, dass die USS *Kearsarge* in Holland, wo sie gerade ihre Vorräte auffüllt, ablegt, und erteilt ihr den Befehl, den feindlichen Korsaren außer Gefecht zu setzen. Am 14. Juni ist das Schiff, unter dem Kommando von Kapitän John Ancrum

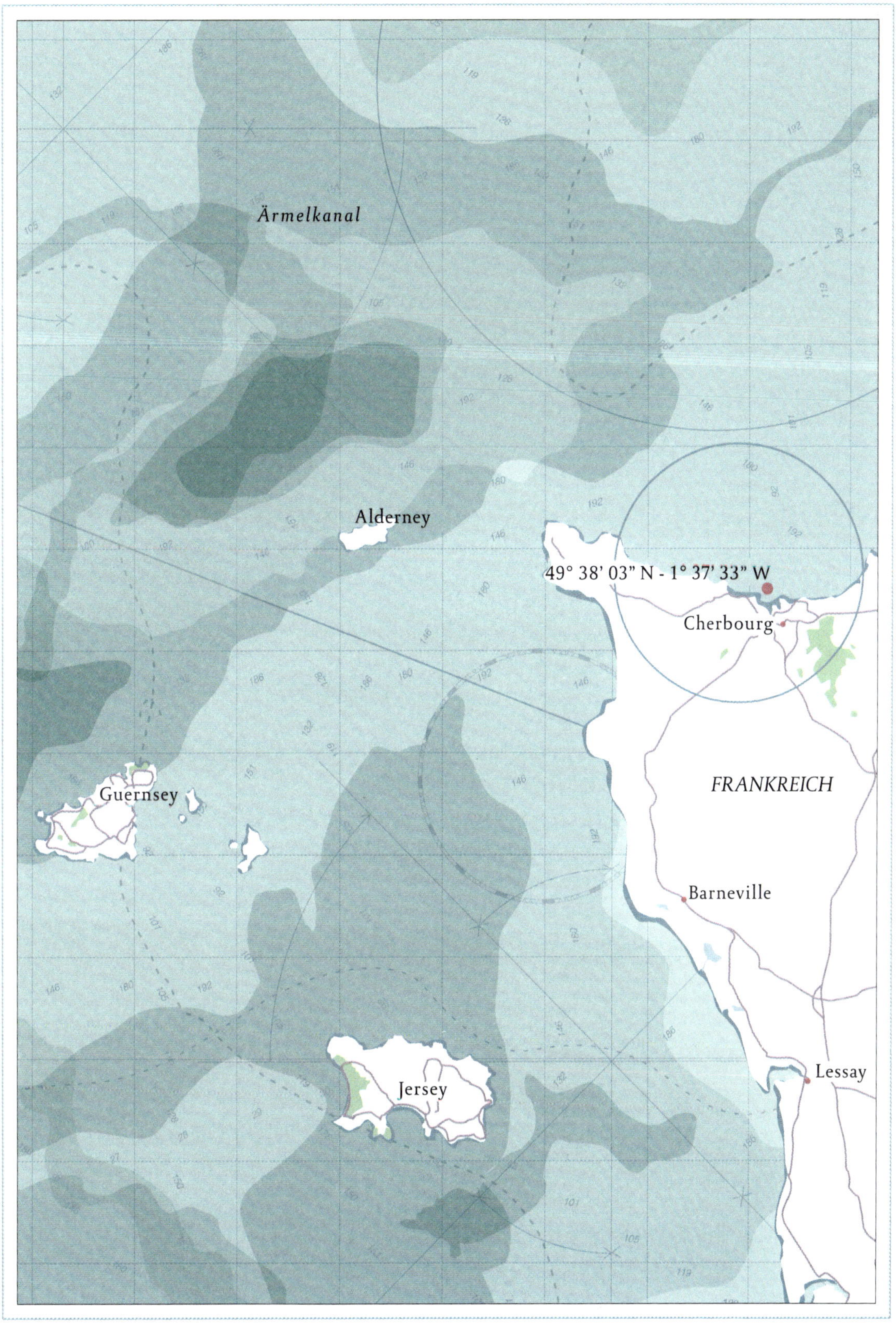
Ärmelkanal
Alderney
49° 38' 03" N - 1° 37' 33" W
Cherbourg
Guernsey
FRANKREICH
Barneville
Jersey
Lessay

Winslow – mit dem Semmes im gleichen Jahrgang an der Marineakademie war – von der Reede in Cherbourg aus zu sehen, und die *Alabama*, die in der Falle steckt, bereitet sich wagemutig auf den Angriff vor. In ganz Frankreich verbreitet sich die Kunde von einem baldigen Gefecht. In der Stadt, wo man auf den Sieg der *Alabama* setzt, treffen über die neue Eisenbahnverbindung von Paris scharenweise Touristen ein; und die Schwarzhändler und Buchmacher wittern gute Geschäfte.

In Cherbourg, wo man auf den Sieg der *Alabama* setzt, treffen scharenweise Touristen ein; und die Schwarzhändler, Hausierer und Buchmacher machen glänzende Geschäfte.

Eskortiert von der kaiserlichen Fregatte *Couronne*, läuft die *Alabama* am 19. Juni, um 9 Uhr 30, aus dem Hafen aus – mit dem Auftrag, die zwei gegnerischen Schiffe bis zur Grenze der Hoheitsgewässer zu begleiten. Unterdessen entfernt sich die *Kearsarge* Richtung Nordost, so als würde sie die Flucht ergreifen; dann wendet sie und hält mit voller Kraft auf den Feind zu. Die Konföderierten sind besser bewaffnet und eröffnen das Feuer. Kilometerweit ist der Kanonendonner zu hören; die beiden Schiffe umkreisen sich unaufhörlich. In den Rauchschwaden gelingt es der *Kearsarge*, sich vor die *Alabama* zu setzen, sodass diese nicht zurück in die französischen Gewässer fliehen kann. Das Gefecht dauert eine gute Stunde und entwickelt sich zum Vorteil der *Kearsarge*. Nachdem das Südstaatenschiff mehrmals auf Höhe der Wasserlinie getroffen wurde, läuft sein Maschinenraum voll, es gerät in Schieflage und versinkt langsam und mit dem Heck voran im Meer. Um ein Gemetzel zu vermeiden, streicht Semmes schweren Herzens die Flagge, dann verlässt er als einer der Letzten sein Schiff. Der Korsar versinkt im Ärmelkanal, vor der äußeren Reede von Cherbourg; unterdessen werden die Überlebenden gerettet und die Verletzten im Marinekrankenhaus von Cherbourg versorgt. Etwa 30 Besatzungsmitglieder der *Alabama* kommen ums Leben; die *Kearsarge* verzeichnet dagegen nur einen einzigen Toten, der seinen Verletzungen erliegt. Beigesetzt wird er an der Seite von zwei Konföderierten auf dem Friedhof von Cherbourg, wo man zur Erinnerung an das Gefecht ein Denkmal errichtet.

Im November 1984 entdeckt die *Circé*, ein Minensuchboot der französischen Marine, das Schiffswrack in circa 60 Metern Tiefe. Um es zu erforschen, unterzeichnen die Vereinigten Staaten von Amerika und Frankreich am 3. Oktober 1989 ein Abkommen zur wissenschaftlichen Zusammenarbeit, das im Bereich der Unterwasserarchäologie bis heute als Meilenstein gilt.

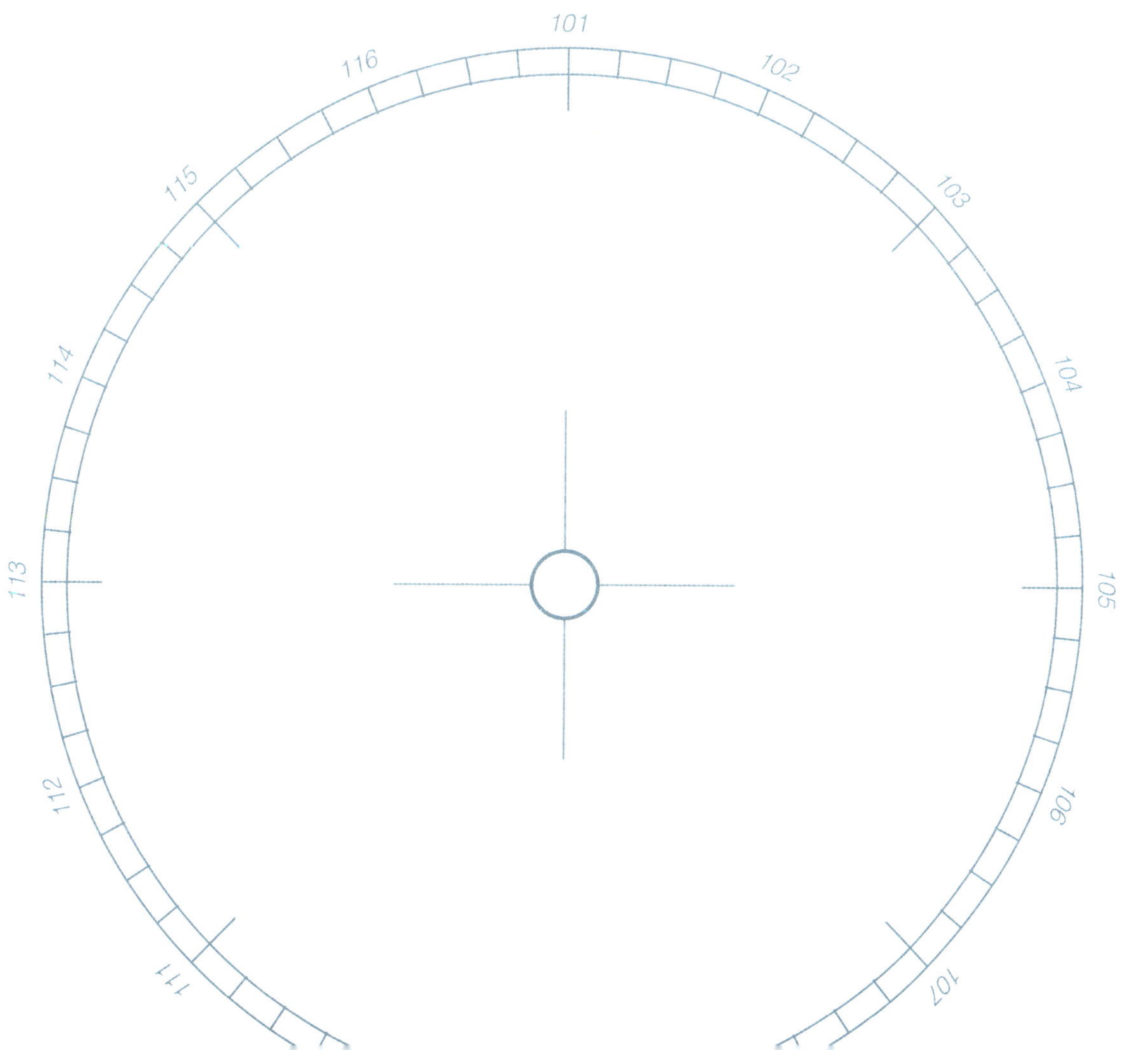

VON DER OSTSEE BIS IN DEN HOHEN NORDEN

DAS RÄTSEL UM DIE GEMÄLDE VON KATHARINA DER GROSSEN

Der Schatz der *Vrouw Maria*

59° 47' 50" N - 21° 36' 5" O

Bis zum Schluss unternahm Kapitän Raymond Lourens alles, was in seiner Macht stand, um sein Schiff zu retten. Die *Vrouw Maria*, ein 30 Meter langes russisches Handelsschiff von 280 BRT, verließ am 5. September 1771 Amsterdam mit Kurs auf Sankt Petersburg, geriet in ein heftiges Unwetter und suchte nahe der finnischen Küste Schutz. Doch zwischen all den kleinen Inseln und Untiefen des Turku-Archipels verlor sein Lotse die Orientierung, und anstatt das Schiff aus der Gefahrenzone zu bringen, steuerte er geradewegs auf die dortigen Felsenriffe zu.

Das Schiff hatte etwa 30, in wasserdichten Rollen sicher verpackte Gemälde geladen, signiert von einigen der bedeutendsten niederländischen Malern des Goldenen Zeitalters.

Durch die Kollision wird der Schiffsrumpf direkt unterhalb der Wasserlinie aufgerissen, doch die Havarie scheint zunächst nicht allzu schwerwiegend zu sein. Dann trifft jedoch eine viel stärkere Welle auf das Heck und beschädigt auch das Ruder. Der Zweimaster ist manövrierunfähig, dreht sich im Kreis, driftet ab und prallt erneut gegen ein Riff. Vier Tage lang kämpft die Besatzung bis zur Erschöpfung an den Pumpen, bevor das dunkle Wasser der Ostsee letztlich doch das Zwischendeck überschwemmt. Völlig entkräftet geben die Seeleute schließlich auf. Was sie noch retten können, nehmen sie mit an Land. Innerhalb weniger Minuten ist die *Vrouw Maria* komplett überflutet.

Ihr Schiffbruch sorgt international für großes Aufsehen, und in dem Bestreben, ihre Fracht zu bergen, verstärkt der russische Außenminister, Graf Pjotr Panin, die diplomatischen Bemühungen am Hof des Königs von Schweden, der damals finnischer Landesherr war. Laut Logbuch hatte die *Vrouw Maria* Zucker, Kaffee, Stoffballen, einige Goldschmiedearbeiten sowie Objekte aus Porzellan geladen, und ferner etwa 30 Gemälde in wasserdichten Rollen, signiert von einigen der bedeutendsten niederländischen Malern des Goldenen Zeitalters: Paulus Potter, Gerard ter Borch, Gabriel Metsu, Isaac Koedijck, Gerard Dou sowie Philips Wouwerman.

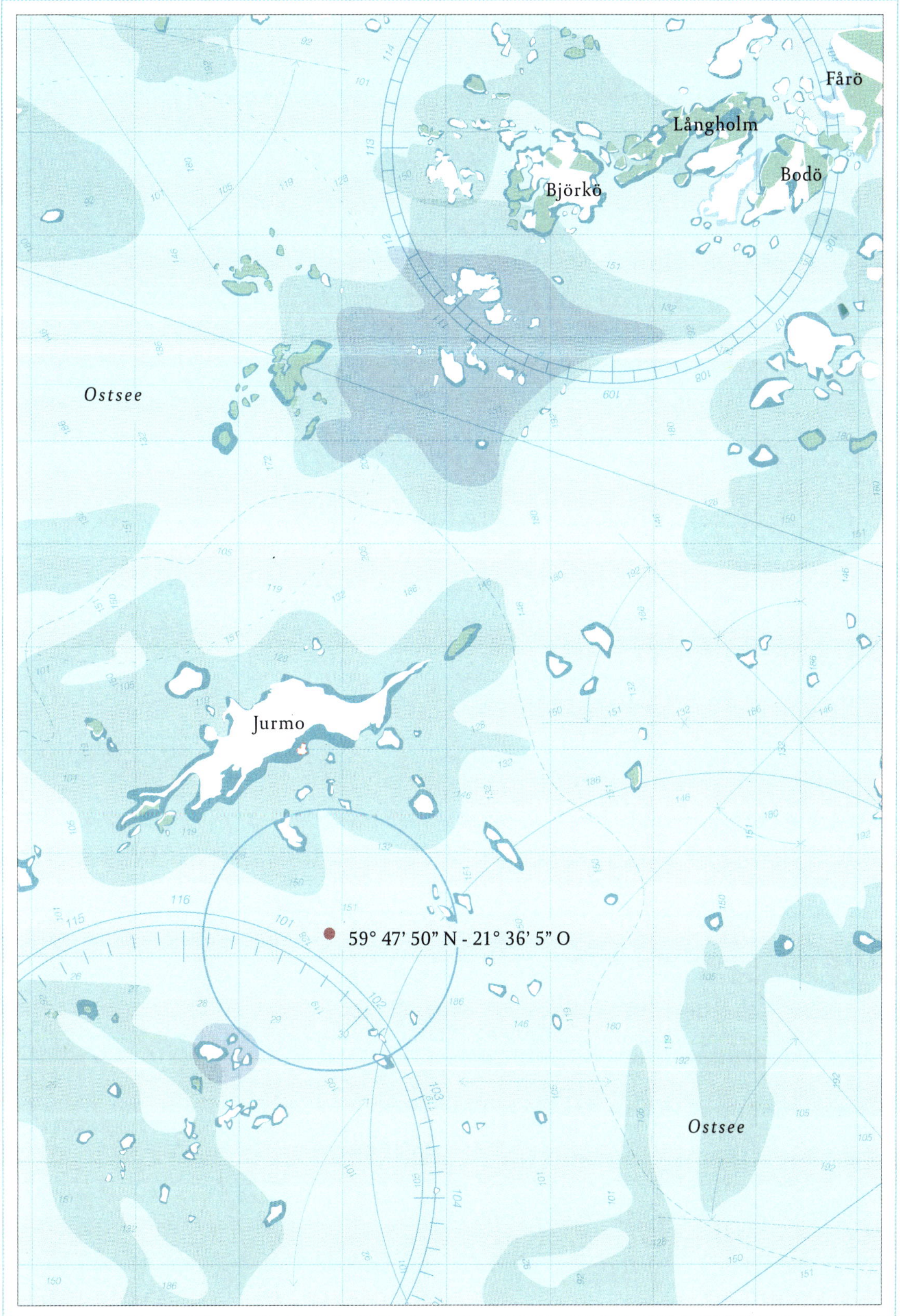
Fårö
Långholm
Björkö
Bodö
Ostsee
Jurmo
59° 47’ 50” N - 21° 36’ 5” O
Ostsee

Ein herausragendes Ensemble aus dem Besitz des berühmten, kurz zuvor verstorbenen Mäzens Gerrit Braamkamp, die der Kunstagent Dmitri Alexejewitsch Golizyn im Auftrag von Zarin Katharina II. von Russland ersteigert hatte, um die Sammlung der einige Jahre zuvor gegründeten Eremitage zu bereichern. Doch die *Vrouw Maria* ist unauffindbar. Als der Winter hereinbricht und das Meer unter Eis und Schnee verschwindet, gibt Panin schließlich auf.

Erst über zwei Jahrhunderte später, 1999, entdecken Taucher das Wrack nahe der kleinen Insel Jurmo, südwestlich von Finnland, zwischen den Städten Turku und Hanko. Für ein Wrack in 41 Metern Tiefe ist die *Vrouw Maria* ungewöhnlich gut erhalten; dies weckt Hoffnungen, und so erstellt das Forschungsteam rasch einen ambitionierten Plan, um sie zu bergen und wieder flott zu machen. Da das kalte und relativ salzarme Wasser der Ostsee auf organische Substanzen konservierend wirkt, sind die Archäologen der Überzeugung, dass auch die Gemälde – sofern noch an Bord – gut erhalten sein müssten. Aus technischer Sicht spricht nichts gegen das Vorhaben. Doch die heikle Frage, wem nach internationalem Recht die *Vrouw Maria* und deren Ladung zustehen, sorgt dafür, dass die Karten neu gemischt werden. Seither lassen die finnischen Behörden den als »nationales Kulturgut« eingestuften Liegeplatz rund um die Uhr bewachen, und sein Geheimnis liegt bis heute im Verborgenen.

Da das kalte und relativ salzarme Wasser der Ostsee auf organische Substanzen konservierend wirkt, sind die Archäologen der Überzeugung, dass auch die Gemälde – sofern noch an Bord – gut erhalten sein müssten.

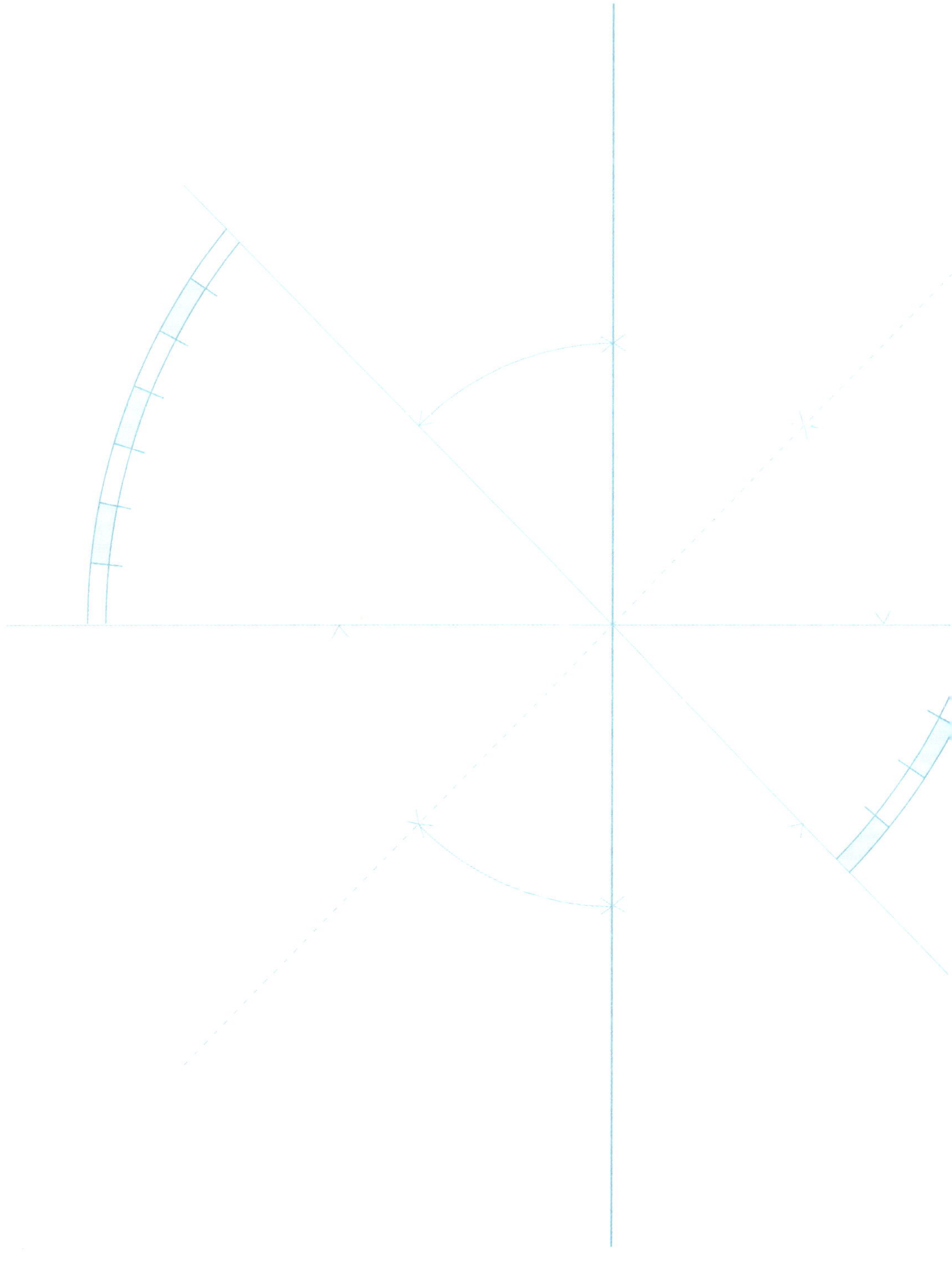

DIE *VASA*, DAS SCHIFF, DAS NIEMALS ZUR SEE FUHR …

Das leidvolle Symbol eines historischen Fiaskos

59° 19' 40" N - 18° 5' 29" O

Am 10. August 1628 weht eine leichte Brise, und die Besatzung der *Vasa* hat alle Segel gesetzt: Drei Segel am Fockmast und genauso viele am Großmast, ein Lateinersegel und ein Rahsegel am Besanmast sowie zwei Segel, die am Bugspriet lose im Wind schlagen. Das mächtige Schiff, geschmückt mit mehreren hundert Holzskulpturen, die in den schillerndsten Farben bemalt sind, schießt vor dem Königspalast Salut und gleitet dann langsam über das Wasser, um zur Baltischen Flotte zu stoßen. Im Hafen von Stockholm, wo die Flagge des Königreichs von Schweden im Wind knattert – ein gelbes Kreuz auf blauem Grund – hat man nie zuvor ein so schönes Schiff gesehen, und eine riesige Menschenmenge, die zum Abschied Hüte, Taschentücher und Fahnen schwenkt, säumt seinen Weg aufs offene Meer. An jenem Freudentag feiert man bei strahlendem Sonnenschein das Wiedererstarken der schwedischen Marine, nachdem diese mehrere Niederlagen gegen das katholische Polen erlitten hatte, welches gegen das protestantische Schweden Krieg führte.

> An jenem Freudentag feiert man bei strahlendem Sonnenschein das Wiedererstarken der schwedischen Marine, nachdem diese mehrere Niederlagen hatte hinnehmen müssen.

Behutsam steuert der Kapitän Söfring Hansson Richtung Osten und verlässt somit den geschützten Hafenbereich. Das Manöver gelingt. Doch als die Besatzung gerade die Kanonen einfahren und die Pforten schließen will, neigt sich das Schiff infolge eines Windstoßes stark nach Backbord. Die Segel werden eingeholt, und das über 1200 Tonnen schwere und 69 Meter lange Schiff richtet sich gerade wieder auf, als eine zweite, etwas stärkere Windböe es erfasst. Daraufhin gerät die Vasa erneut in Schieflage, kentert und versinkt wie ein Stein im Meer, nachdem sie noch nicht einmal eine Meile auf See zurückgelegt hat. Zu schwer, zu hoch, zu topplastig war sie. Und so verschwindet einer der schönsten Dreimaster jener Zeit auf dem

Sollentuna
Stockholm
59° 19' 40" N - 18° 5' 29" O
Ormingelandet
Huddinge
SCHWEDEN

Grund des Stockholmer Hafens, und mit ihm etwa 50 Seeleute, die auf dem unteren Deck eingeschlossen waren.
Als König Gustav II. Adolf am 27. August vom Schicksal seines kurzlebigen Flaggschiffs erfährt, sucht er sogleich nach einem Schuldigen, den er zur Strafe hängen lassen kann. Doch die von seinem persönlichen Rat geleitete Untersuchung führt zu keinem Ergebnis. Der Schiffsbaumeister ist seit geraumer Zeit verstorben, die Besatzung hat sich nichts zuschulden kommen lassen, und die Werft hat jedes einzelne Detail der Ausstattung genau nach Anweisung ausgeführt. Entweder übernimmt also der Herrscher selbst die Verantwortung für das Unglück, oder er akzeptiert, was allzu offensichtlich scheint: Der Schiffbruch der *Vasa* war Gottes Wille. Amen.

Zu schwer, zu hoch, zu topplastig war die *Vasa*. Und so verschwindet einer der schönsten Dreimaster jener Zeit auf dem Grund des Stockholmer Hafens, und mit ihm etwa 50 Seeleute, die auf dem unteren Deck eingeschlossen waren.

Im Jahr 1664 werden die meisten der insgesamt 64 Schiffskanonen geborgen; dann gerät der Ort des Unglücks – ein winziger Punkt auf den Seekarten – in Vergessenheit. Erst Anfang der 1950er-Jahre schlägt der Hobbyarchäologe Anders Franzén vor, das Wrack zu bergen. Nach einigen Vorarbeiten taucht schließlich am 24. April 1961, im Beisein von König Gustav VI. Adolf, einem Nachfahren des preußischen Soldatenkönigs Friedrich Wilhelm I., langsam das Haupt einer Holzskulptur aus dem Wasser auf. Und dann noch eines. Mithilfe einer Stahlseilkonstruktion wird bald darauf der nahezu intakte Rumpf des Dreimasters sichtbar. Nach einer jahrelangen, detailgetreuen Restaurierung befindet sich das Schiff seit 1990 im Vasa-Museum, ebenso wie mehrere Tausend weitere Fundstücke, die zusammen mit ihm geborgen wurden. Was schwarz, einem Phantom gleich, in 32 Metern Tiefe begraben lag und leidvoll an ein historisches Fiasko erinnerte, ist nun eine der gefragtesten Touristenattraktionen Skandinaviens. Denn die Schweden machten aus diesem kolossalen Fehlschlag ein nationales Ruhmesblatt.

DAS VERSCHWINDEN DER *EREBUS* UND DER *TERROR*

Der wiederentdeckte Gesang der Inuit

68° 8' N - 99° 15' W

Am 19. Mai 1845 verlassen die HMS *Erebus* und die HMS *Terror* Kent und die Ufer der Themse, laufen zunächst die nördlich von Schottland gelegenen Orkney-Inseln zu einem Zwischenstopp an und segeln dann weiter Richtung Grönland und in die Weiten des Polarmeeres, um eine dort vermutete riesige Wasserfläche, die Nordwestpassage, zu erreichen – sie ist das Ziel der Expedition von John Franklin. Die Bordwände der beiden Bombarden der Royal Navy wurden verstärkt, sie verfügen über 20-PS-starke Schiffsmotoren und ein revolutionäres Heizsystem in den Mannschaftsquartieren. Sie wurden bereits erfolgreich bei der Expedition des englischen Forschers James Clark Ross 1839 eingesetzt, der nach dem antarktischen Magnetpol suchte. Kapitän Franklin, ein Veteran der Arktis, hat vorsorglich Proviant für drei Jahre an Bord bringen lassen: 60 Tonnen Mehl, 14 Tonnen Rindfleisch und 15 Tonnen Dosenfleisch. Mit seinen 59 Jahren hält ihn manch einer für zu alt, doch er ist ein anerkannter Seefahrer. Das Kommando über die *Erebus* hat James Fitzjames erhalten, ein junger Offizier von 34 Jahren, der zuvor im Chinesischen Meer gedient und im Mittelmeer sowie im Orient gekämpft hat; Kapitän der *Terror* ist Francis Crozier, der schon einmal an der Seite von Ross auf diesem Schiff Wache geschoben hat. Crozier, 1796 in der nordirischen Grafschaft Down geboren, ist ein äußerst fähiger Kapitän, hat er doch bereits an fünf Polarexpeditionen teilgenommen. Dies ist seine sechste, und Franklin weiß, er kann auf ihn zählen. Die meisten der 134 Matrosen und Offiziere sind Engländer, Iren oder Schotten. Sie alle beherrschen ihr Handwerk, doch der hohe Norden ist für sie Neuland.

Anfangs werden die *Erebus* und *Terror* von dem Dampfer HMS *Rattler* und dem Versorgungsschiff *Barretto Junior* begleitet, die jedoch mit fünf vom Dienst freigestellten Männern sowie den Briefen der Expedition nach England zurückkehren. Von der Diskobucht aus, im Westen Grönlands, setzen die *Erebus* und *Terror* im Juli ihre Fahrt fort. Anfang August 1845 kreuzen sie in der Baffin Bay, in der Hoffnung, den Lancastersund durchfahren und anschließend Kurs auf die Nordwestpassage nehmen zu können. Franklin ist voller Zuversicht. Denn seine Schiffe können im Eis mit vier Knoten vorankommen, und seinen Messungen zufolge liegen bis zum Ziel ihrer Suche nur mehr 900 Seemeilen vor ihnen. Doch die Männer an Bord der Walfänger *Enterprise* und

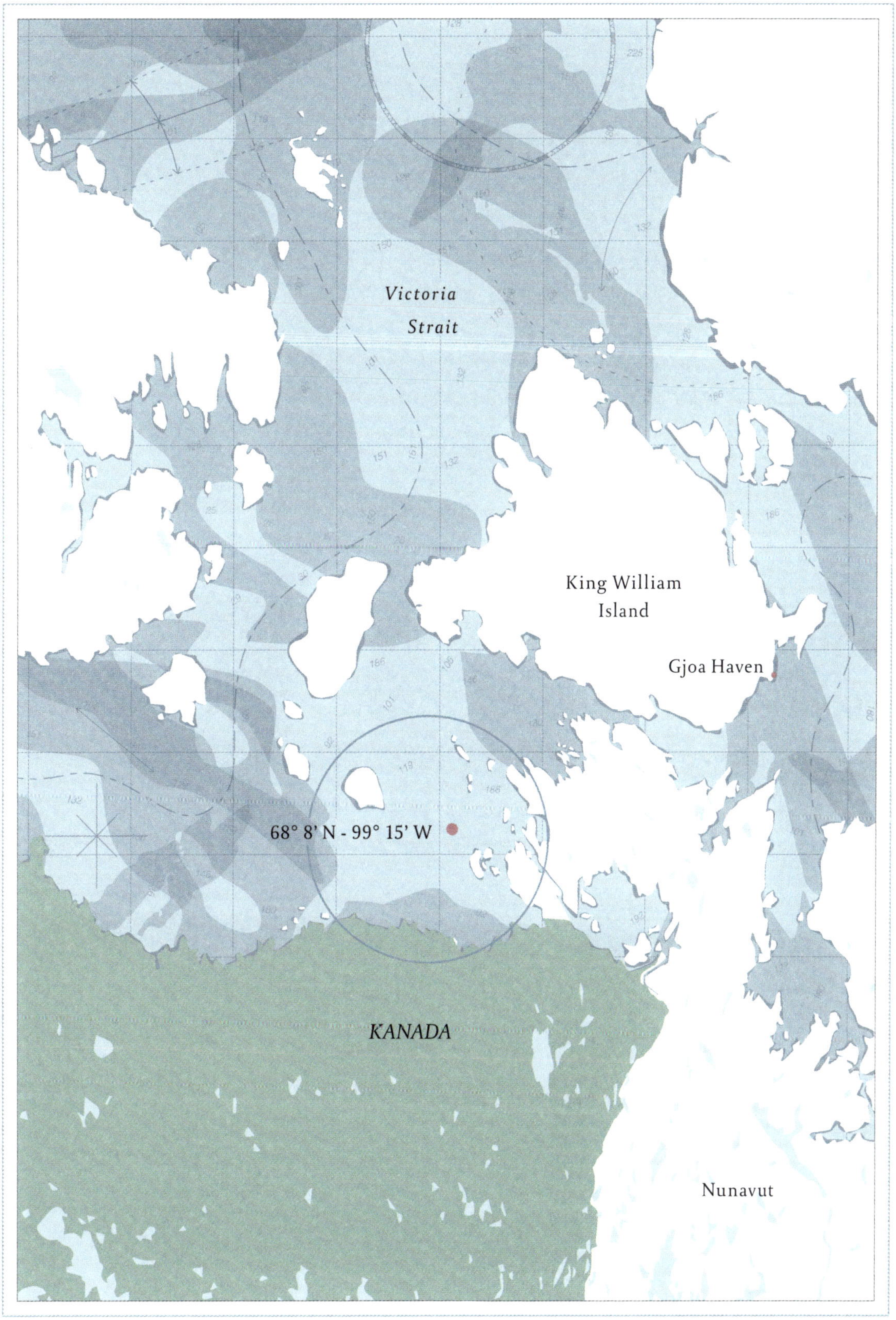

Victoria
Strait
King William
Island
Gjoa Haven
68° 8' N - 99° 15' W
KANADA
Nunavut

Prince of Wales sind die Letzten, die Franklins Expedition gesichtet haben. Danach sollte sie niemand lebend wiedersehen.

Auf Drängen der Öffentlichkeit und der zweiten Ehefrau Franklins, Jane Griffin, setzt die britische Admiralität im Jahr 1848 schließlich eine Belohnung in Höhe von 20.000 Pfund Sterling (heutiger Wert 1,6 Millionen Pfund) für die Rettung der Überlebenden aus und entsendet gleichzeitig drei Suchexpeditionen. Die erste, geleitet von dem Naturwissenschaftler John Richardson und dem Arktisforscher John Rae, nimmt von der Mündung des Mackenzie River aus den Landweg. Die beiden anderen nehmen den Seeweg – ausgehend vom kanadisch-arktischen Archipel durch den Lancastersund beziehungsweise durch die Beringstraße. Doch die zwei Schiffe sind unauffindbar. Die Angelegenheit erregt weltweit Aufmerksamkeit, und ab 1850 sind bisweilen an die 50 Schiffe an der Suche nach Franklin und dessen Besatzung beteiligt. Doch je mehr Zeit verstreicht, desto unwahrscheinlicher ist es, sie noch lebend anzutreffen.

Zuerst entdeckt man an der Ostküste von Beechey Island vor Devon Island die Gräber von drei Besatzungsmitgliedern der Erebus und der Terror. Dann trifft John Rae auf der Halbinsel Boothia, südlich von Somerset Island, auf mehrere Inuit, die ihm berichten, dass nahe der Mündung des Back River, im heutigen Nunavut, rund 40 weiße Männer an Hunger gestorben seien. Andere Robbenjäger, die ihrem Todeskampf hilflos zusehen mussten, übergeben Rae mehrere Gabeln und Löffel aus Silber, die man später Fitzjames, Crozier und Franklin zuordnen kann. 1855 werden auf Montreal Island in der Bucht Chantrey, wo der Back River ins Meer mündet, hölzerne Wrackteile gefunden, auf denen »Erebus« und der Name des Schiffsarztes, »Mr. Stanley«, zu lesen sind. Damit schwindet jegliche Hoffnung, und so werden die Mitglieder der Franklin-Expedition am 31. März 1854 offiziell für tot erklärt.

Doch Lady Franklin gibt noch nicht auf, sondern überredet den Forscher Francis Leopold McClintock, die Suche nach ihrem Mann wieder aufzunehmen. Sein Schiff, der Schoner *Fox* mit Dampfantrieb, der mithilfe einer öffentlichen Spendenaktion erworben wurde, verlässt am 2. Juli 1857 Aberdeen. Im Mai 1859 entdecken seine Männer auf King William Island einen Steinhügel, und darin, auf ein und demselben Blatt Papier, zwei Botschaften von Crozier und Fitzjames. Die erste, vom 28. Mai 1847, klingt beruhigend. Nachdem die *Erebus* und *Terror* Cornwallis Island umfahren und zwischen 1845 und 1846 Beechey Island angelaufen hatten, überwinterten sie im Eis, vor der nordwestlichen Küste von King William Island. »Uns geht es gut«, ist da zu lesen.

Doch die zweite Nachricht, die elf Monate später, am 25. April 1848, verfasst wurde, löst Entsetzen aus. Die Schiffe waren in einer Zone festgefroren, wo das Packeis auch im Sommer kaum schmilzt, und so war man gezwungen, sie ihrem Schicksal zu überlassen. 24 Offiziere und Matrosen sind tot, so auch Franklin, der am 11. Juni 1847 verstarb. Francis Crozier übernahm das Kommando, und am 26. April 1848 machen sich die Überlebenden zu Fuß auf zum Back River. Etwas weiter entfernt, an der Südküste, entdecken die Suchtrupps ein noch in Lumpen gehülltes Skelett sowie, weiter westlich, ein Rettungsboot mit zwei Leichnamen und einer Vielzahl unnützer, zurückgelassener Ausrüstungsgegenstände.

Im Verlauf weiterer Expeditionen, die zwischen 1860 und 1880 den südlichen Teil der Insel durchkämmen, werden noch mehr Grabstätten und Relikte gefunden. Wer den Inuit Gehör schenkt, dem berichten sie, was sie gesehen haben: Alle Männer der Franklin-Expedition seien, einer nach dem anderen, vor Hunger, Kälte oder an Krankheiten gestorben. Als die Inuit jedoch behaupten, einige Überlebende hätten am Ende ihre Mitmenschen verspeist, weigern sich die meisten Europäer, ihnen zu glauben.

Allerdings ergeben in den 1980er-Jahren durchgeführte Untersuchungen, dass die Knochen einiger verstorbener Expeditionsmitglieder eindeutige Spuren von Kannibalismus aufweisen. Ebenso wie einen Mangel an Vitamin C und einen unverhältnismäßig hohen Bleigehalt. Das Martyrium der Männer von Franklins Expedition – jenen Gespenstern, deren Gesichter ausgezehrt und deren Münder »erstarrt, trocken und schwarz« waren – wurde durch zahlreiche Gesänge über Generationen von den Inuit weitergegeben; doch jahrelang nahm man ihren Gesang nicht ernst.

2014 wird eine weitere Suchaktion gestartet, und am 7. September lokalisiert schließlich ein ferngesteuertes U-Boot im Victoria Strait, unweit der Cambridge Bay und rund 300 Kilometer von King William Island entfernt, ein Wrack, das offiziell als HMS *Erebus* identifiziert wird. Auch die sehr gut erhaltene – HMS *Terror* wird zwei Jahre später, am 13. September 2016, von Suchtrupps der Arctic Research Foundation gefunden. Sammy Kogvik, ein dort ansässiges Besatzungsmitglied, hatte einige Zeit vorher ein auffallend großes Stück Holz aus dem Eis ragen sehen; auf seinen Rat hin änderte der Kapitän des Expeditionsschiffes daher im letzten Moment den Kurs und sie entdeckten das Schiffswrack. Es liegt in 24 Metern Tiefe auf dem Grund der Terror Bay, südwestlich von King William Island und rund 100 Kilometer nördlich der *Erebus*. Letztendlich wurde der Gesang der Inuit doch noch erhört.

MEERE UND KÜSTEN DES MORGENLANDES

DAS WRACK VON GIRAGLIA

Der ewige Zorn des Libeccio

43° 1' 5" N - 9° 24' 24" O

Das Meer ist friedlich und die Sicht unter Wasser gut, als die Taucher sich den Überresten des Schiffs nähern, das im ersten Jahrhundert unserer Zeitrechnung vor Giraglia am Cap Corse unterging. Neptungräser reflektieren die Sonnenstrahlen auf dem Meeresgrund und wiegen sich in der Strömung. Ansonsten sticht unter Wasser fast nichts ins Auge. Denn an dem Wrack, das die Archäologinnen Martine Sciallano und Sabrina Marlier eingehend untersucht haben, ist nichts Außergewöhnliches. In 20 Metern Tiefe und ungefähr 500 Meter vor der Küste liegen lediglich die Überreste seiner Ladung – etwa zehn riesige Tongefäße, sog. *dolia*, die jeweils etwa 2000 Liter fassen; einige kleinere Krüge sowie mehrere Fragmente von Amphoren. Teile der Spanten des Schiffes und seines Kiels sind unter Sand und Gesteinsablagerungen erhalten geblieben. Ein Herkunftsstempel auf einem *dolium* lässt vermuten, dass das 20 Meter lange und sechs Meter breite Segelschiff einst unter der Flagge der Pirani de Minturnes segelte – Reeder, die sich im Latium, zwischen Rom und Neapel, angesiedelt hatten – und dass die mitgeführten Weine wohl aus der römischen Provinz Tarraconensis, im heutigen Spanien, stammten. Ein Schatz wurde nicht gefunden. Dem Untergang ging kein heldenhafter Kampf voraus, weder der Name des Schiffs ist überliefert noch jene der Männer, die bei dem Versuch ums Leben kamen, den Hafen von Ostia, am linken Ufer der Tiber-Mündung anzulaufen. Vielleicht segelten sie bei Nacht in Küstennähe und bemerkten nicht, wie sich das Meer auftürmte und sich der Himmel verdunkelte. Die *dolia* wurden wohl aus ihrer Halterung gerissen, rollten in alle Richtungen, zerschlugen die Amphoren und beschädigten die Schiffsplanken erheblich. Aus jenen Gefäßen, die zu Bruch gingen, ergoss sich der Wein, und das Schiff geriet noch mehr in Schieflage. Um die Geschwindigkeit zu drosseln, wurde vermutlich der Anker ausgeworfen, den man weiter westlich fand. Doch es dauerte höchstens wenige Minuten, dann war alles vorbei. Warum also sich noch länger damit befassen? Weil dort noch immer der Libeccio weht, jener stürmische Wind aus südwestlicher Richtung, der das Schiff damals untergehen ließ. Seit Jahrhunderten bläst er ohne Rast und Ruh. Selbst die großen Fähren, die heutzutage das Mittelmeer durchpflügen, gehen ihm aus dem Weg. Mehr als das Schiffsunglück an sich fasziniert die Menschen häufig das damit verbundene Geheimnis. In diesem Fall ist es die andauernde, beunruhigende Präsenz des Verursachers, die Beklemmung auslöst.

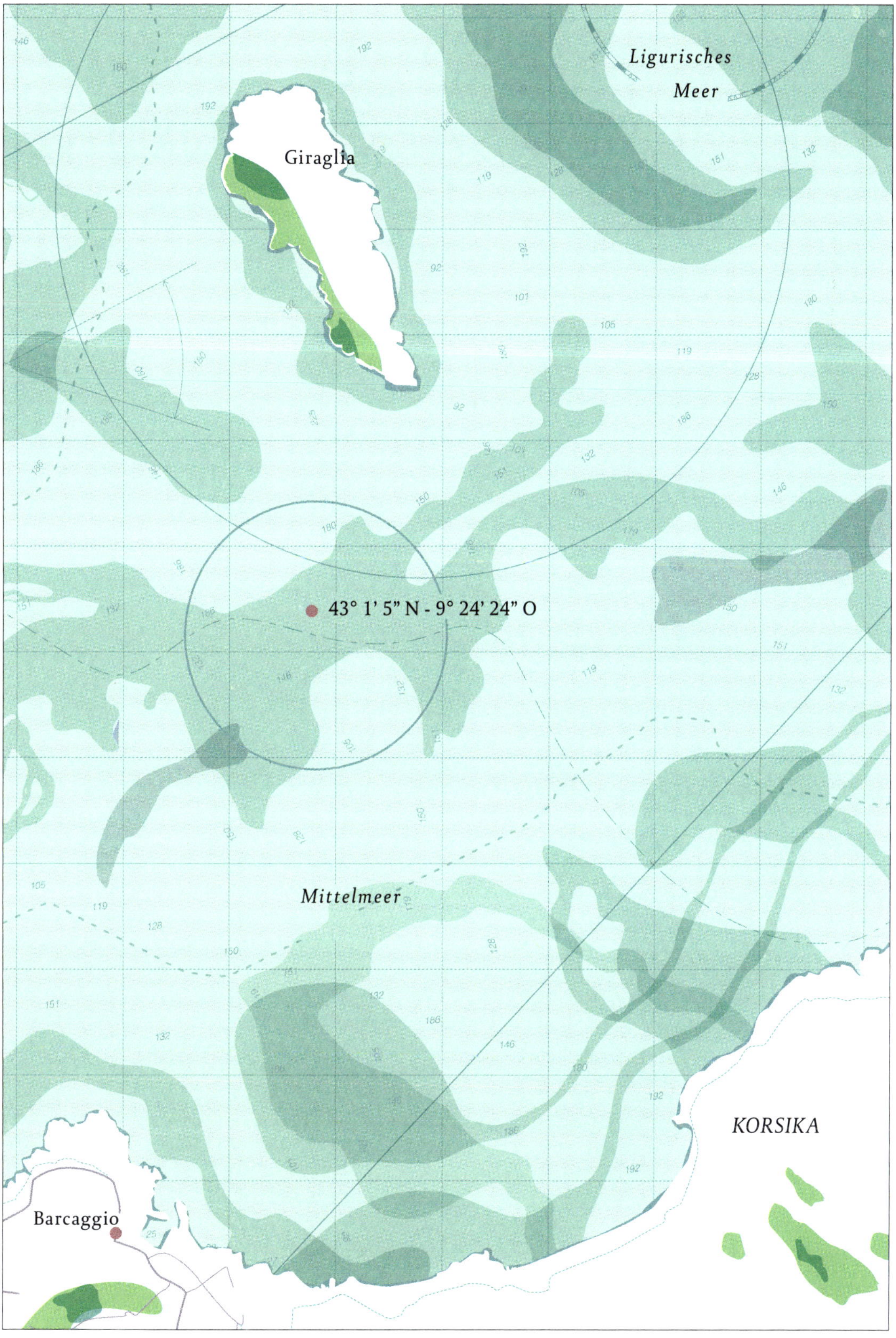
Ligurisches
Meer
Giraglia
43° 1' 5" N - 9° 24' 24" O
Mittelmeer
KORSIKA
Barcaggio

1720

DIE GRAND SAINT ANTOINE

Wenn die Ratten überstürzt das Schiff verlassen

43° 17' 47" N - 5° 22' 12" O

Am 25. Mai 1720 nähert sich die *Grand Saint Antoine*, ein mit kostbaren Stoffen beladenes Handelsschiff, aus der Levante kommend, den Frioul-Inseln vor Marseille. In wenigen Wochen wird die Messe von Beaucaire eröffnet werden, und die Reeder würden alles tun, damit das Schiff bei seiner Ankunft nicht 40 Tage lang unter Quarantäne gestellt wird. Doch das Unterfangen steht unter keinem guten Stern. Ein Passagier aus Tripoli ist verstorben, und acht Seeleute, darunter der Schiffsarzt, wurden von einer mysteriösen Krankheit dahingerafft.

Womöglich ist es die Pest, doch daran wagt man nicht zu denken. Der in Zypern ausgestellte Gesundheitspass der *Grand Saint Antoine* ist nunmehr wertlos, und derjenige von der Hafenbehörde in Livorno, demzufolge die Toten an einem »bösartigen, pestilenzialischen Fieber« gestorben seien, ist äußerst fragwürdig. Dennoch lassen die Magistratsbeamten von Marseille mit sich reden, und die Ladung wird im Hafen gelöscht. In der Regel werden die meisten Schiffe zunächst im kleinen Hafen der Insel Pomègues genauestens inspiziert, während ihre Besatzungen von der Gesundheitsbehörde im sogenannten Lazarett des Stadviertels Arenc unter Quarantäne gestellt werden. Doch diesmal läuft nichts wie vorgesehen, und die *Grand Saint Antoine* bleibt nur etwa 20 Tage lang isoliert.

Am 20. Juni hat sich die Pest, die von Flöhen auf die Ratten an Bord übertragen wurde, bereits in der Stadt ausgebreitet, und die ersten Erkrankten sterben wie die Fliegen. Der Regent Philippe II. von Orléans ordnet an, das Schiff zu verbrennen, doch sein Befehl wird erst am 25. und 26. September ausgeführt. Viel zu spät. In Marseille, wo die Menschen auf offener Straße sterben, hat die Seuche

> In Marseille, wo die Menschen auf offener Straße sterben, hat die Seuche bereits mehr als 30.000 Menschenleben gekostet; nun greift sie auf die Provence und das Languedoc über.

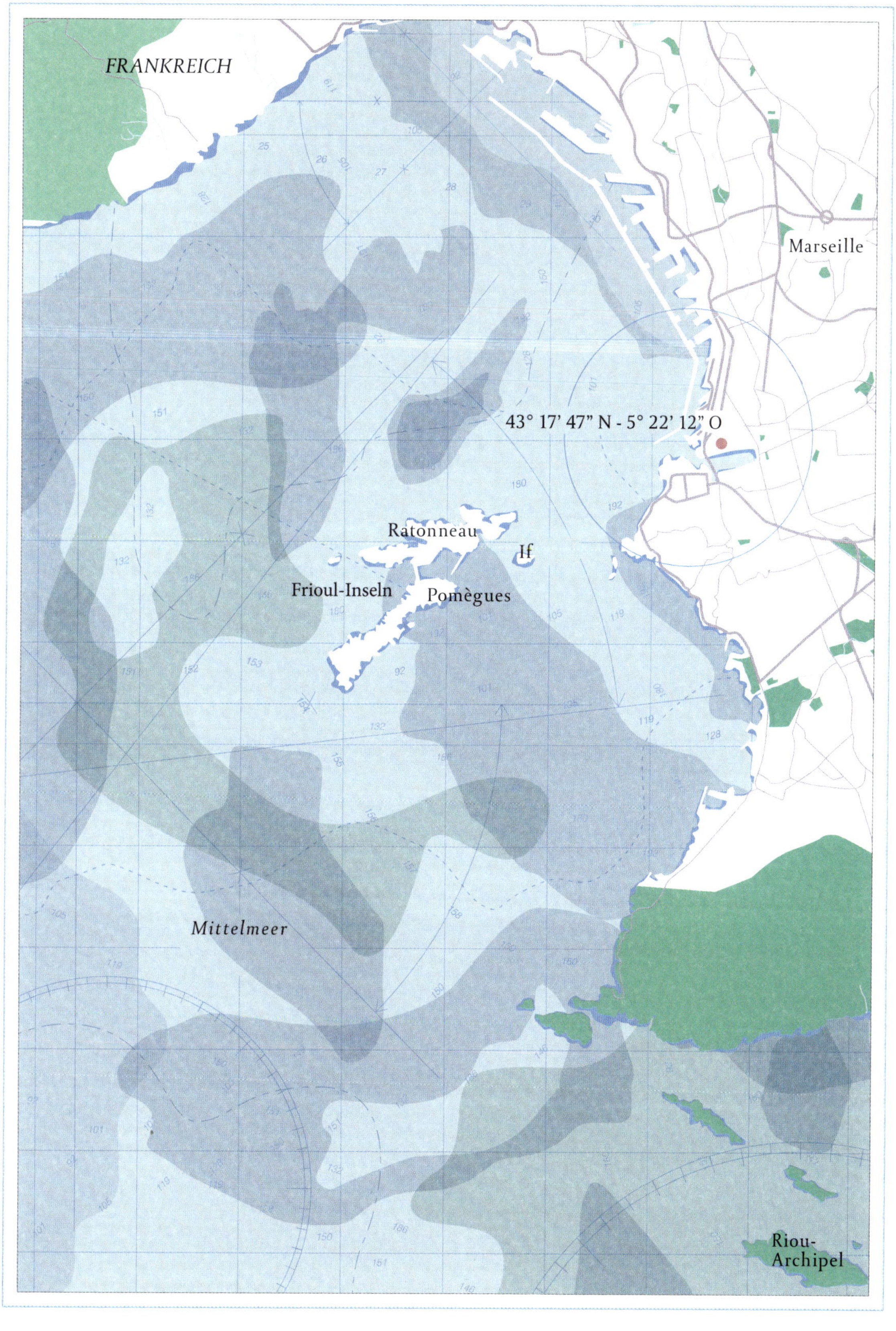
FRANKREICH
Marseille
43° 17' 47" N - 5° 22' 12" O
Ratonneau
If
Frioul-Inseln
Pomègues
Mittelmeer
Riou-
Archipel

bereits mehr als 30.000 Menschenleben gekostet; nun greift sie auf die Provence und das Languedoc über.

Rückblickend gehen Wissenschaftler heute davon aus, dass die Plage nicht nur vom Laderaum der *Grand Saint Antoine* ausging, sondern auch auf ein örtliches Wiederaufkeimen des Bazillus *Yersinia pestis* zurückzuführen ist. Also auf denselben Erreger, der schon vier Jahrhunderte zuvor in Europa gewütet hatte. Auch damals hatte die Epidemie ihren Ursprung im Hafen von Marseille. Am 1. November 1347, an Allerheiligen, einen Tag vor Allerseelen, legt dort eine jener Galeeren aus Genua an, die aus dem belagerten Kaffa auf der Krim geflohen war – und schleppt die Pest ein. Dank der Handelsrouten, insbesondere der Seewege und der schiffbaren Flüsse, breitet sich die Seuche in den ersten Wochen um durchschnittlich 75 Kilometer pro Tag aus und bringt Verzweiflung in die überfüllten Städte. Nach Marseille erreicht sie im Januar 1348 Avignon, anschließend Montpellier und Béziers. Im Februar ist die Pest in Narbonne angekommen, Anfang März in Carcassonne und Ende März in Perpignan. Im Juni erfasst sie Bordeaux, um von dort aus auf England überzugreifen. Während der Sommermonate tritt die Epidemie in Rouen, später in Pontoise und Saint-Denis auf. Nachdem sie am 20. August 1348 in Paris ausgebrochen ist, sterben dort täglich 500 Menschen. Im Dezember 1348 hat sich die Pest im gesamten südlichen Teil Europas, von Griechenland bis nach Südengland, verbreitet. Zwischen 1348 und 1352 verursacht sie den Tod von etwa 45 Millionen Menschen, das entspricht 30 bis 50 Prozent der damaligen europäischen Bevölkerung.

> Dank der Handelsrouten, insbesondere der Seewege und der schiffbaren Flüsse, breitet sich die Seuche um durchschnittlich 75 Kilometer pro Tag aus und bringt Verzweiflung in die überfüllten Städte.

Und als wäre das nicht schon schlimm genug, trifft Marseille im 15. Jahrhundert ein weiterer Schicksalsschlag: Im Jahr 1423 – mitten im Erbfolgekrieg zwischen dem Haus Anjou und dem Haus Aragón, die sich um den Besitz des Königreichs Neapel streiten – wird die Stadt geplündert und in Brand gesetzt. Drei Tage lang lodern die Flammen, angefacht durch starke Winde. Systematisch rauben die Aragonier die Gebäude am Hafen aus, verwüsten das Kloster des Franziskanerordens und bemächtigen sich des Schreins und der Reliquien des heiligen Ludwig von Anjou. Erst 1956 wird ein Teil des Kirchenschatzes der Stadt zurückgegeben. Ein marokkanisches Sprichwort besagt, man solle besonders Behörden, Feuer und die See fürchten – auf Marseille trifft dies voll und ganz zu.

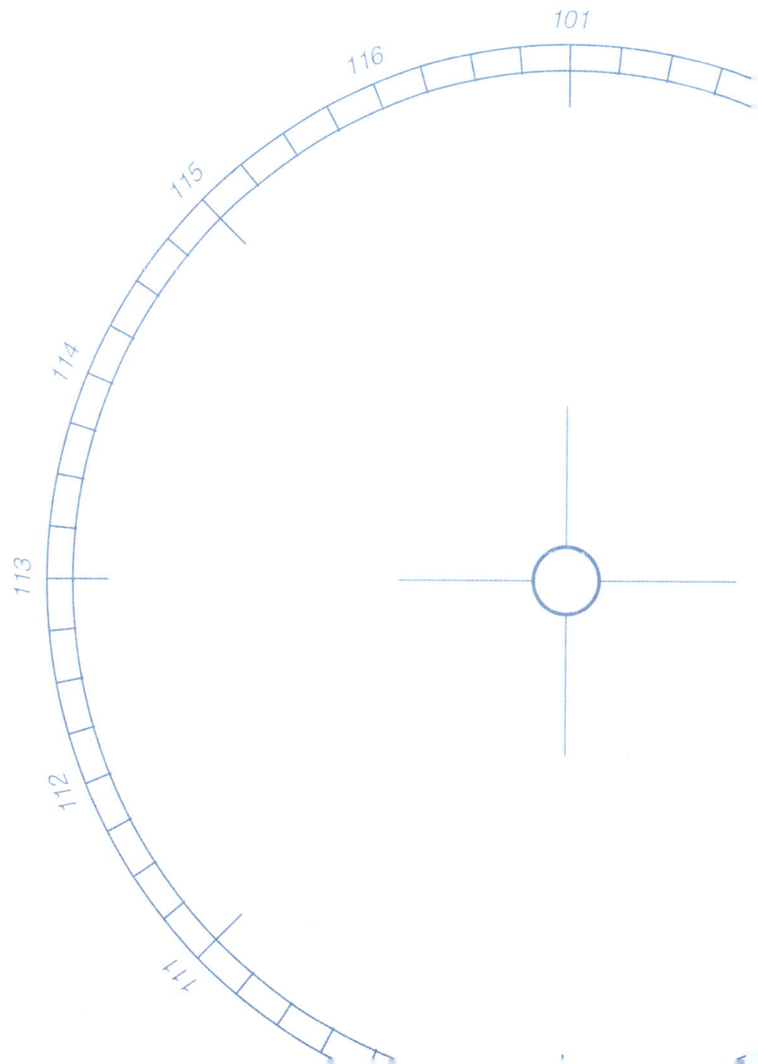

DER TODESKAMPF DER *SÉMILLANTE*

Die Tränen des Alphonse Daudet

41° 20' N - 9° 15' O

»Da uns der Mistral der vorigen Nacht an die korsische Küste verschlagen hat, lassen Sie mich Ihnen eine furchtbare Seegeschichte erzählen, von der die Fischer dort unten an den Abenden oft berichten ...« Als Alphonse Daudet am 7. Oktober 1866 in der Tageszeitung *L'Événement* seine Erzählung *Der Todeskampf der Sémillante* veröffentlicht, liegt der Untergang der Fregatte bereits mehr als ein Jahrzehnt zurück. Doch die Erinnerung an die Verschollenen lässt dem Zweiten Kaiserreich keine Ruhe. Am 14. Februar 1855 läuft die *Sémillante* aus Toulon aus, um die alliierten Streitkräfte, die im Krimkrieg gegen Russland kämpften, mit Nachschub zu versorgen. Ihre Besatzung rechnet mit einer problemlosen Überfahrt. Als Zwischenstopp will man Konstantinopel anlaufen, und die Seeleute freuen sich schon darauf, den Basar der Hafenstadt zu erkunden. Doch vor Sardinien gerät das Schiff in einen heftigen Sturm, weshalb der Kommandant beschließt, durch die Straße von Bonifacio, vorbei an den Lavezzi-Inseln – ein Seegebiet voller Felsenriffe und Klippen – zu segeln, um die Schlechtwetterzone zu umfahren. Aber die See wird immer unruhiger. Am 15. Februar sind die Böen so stark, dass in Bonifacio zahlreiche Dächer davonfliegen und ein Haus einstürzt. Um den Orkan zu besänftigen, segnet Abt Rocca das Meer mit einem Splitter des heiligen Kreuzes aus der Kirche Saint-Dominique. Doch vergebens. Der Sturm wird nur noch stärker. Am Capo Testa meint der Leuchtturmwärter, in der Brandung ein in Seenot geratenes Schiff zu erkennen. Und dann: »Plötzlich«, schreibt Daudet, »ein furchtbarer Stoß, ein Schrei, ein einziger Schrei, ein unermeßlicher Schrei; Arme, die sich emporstrecken, Hände, die sich anklammern, verstörte Blicke, über die wie ein Blitz die Vision des Todes geht ...«. Getrieben von den stürmischen Winden aus West-Südwest, driftet die *Sémillante* zu weit nach Norden und zerschellt in voller Fahrt an den Granitfelsen einer Untiefe, die sogar durch eine Boje markiert waren. Niemand überlebt das Unglück. Am 18. Februar spülen die Wellen die ersten Leichname an Land; von den insgesamt 773 Seeleuten und Soldaten an Bord gibt das Meer nur 560 frei.

»Arme *Semillante*! ... das Meer hatte sie mit einem Schlag zerschellt [...]. Was aber die Männer betrifft, sie waren fast alle entstellt, grauenhaft verstümmelt ... Es griff einem ans Herz, zu sehen, wie sie sich in ganzen Trauben aneinandergeklammert hatten ... Wir fanden den Kapitän in großer Uniform [...]; einen Schiffsjungen mit offenen Augen [...] aber nein! es hatte nicht sein sollen, daß auch nur einer entkam.« Heute liegen jene Offiziere und einfache Soldaten Seite an Seite auf den zwei Friedhöfen der Lavezzi-Inseln begraben.

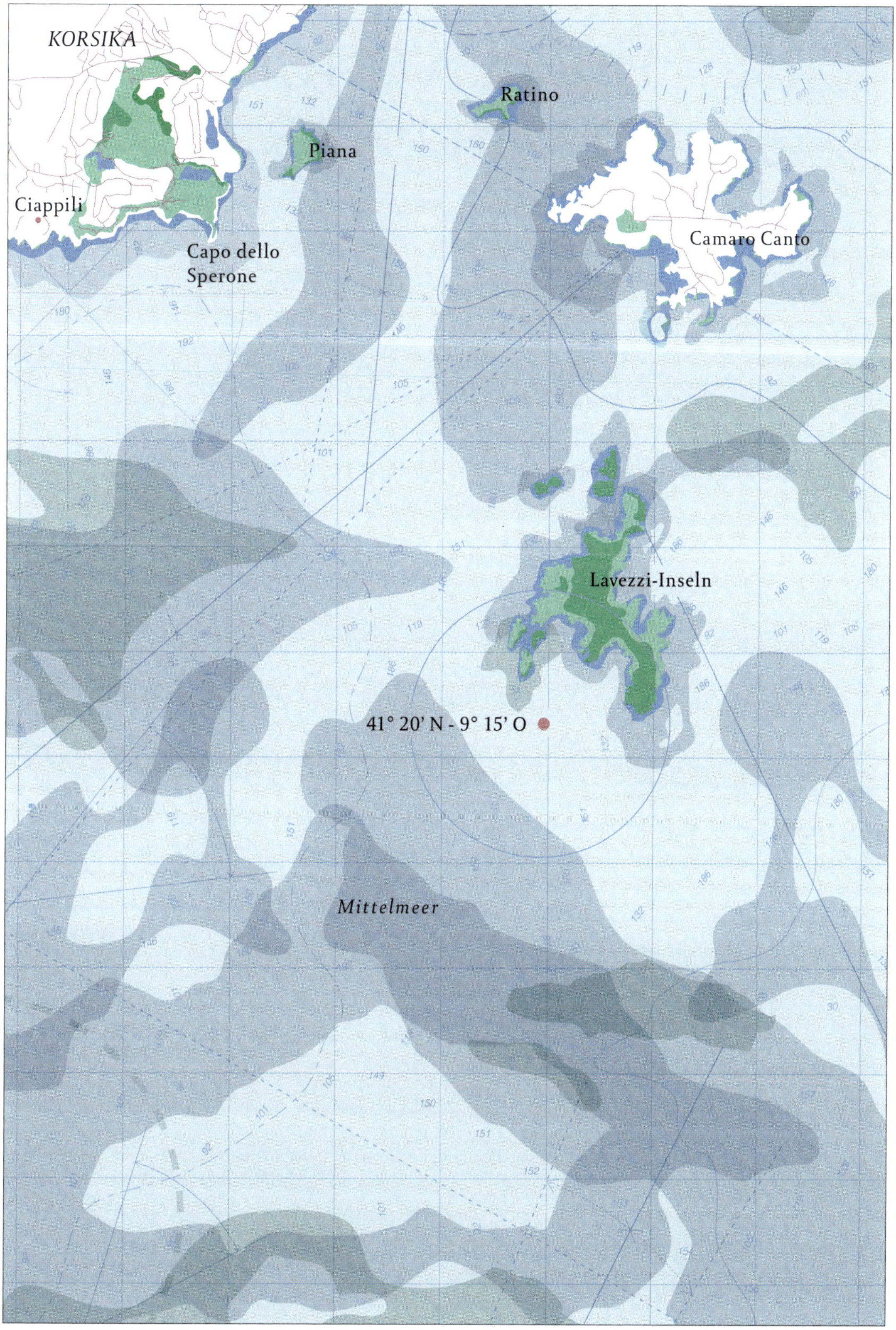
KORSIKA
Ratino
Piana
Ciappili
Capo dello Sperone
Camaro Canto
Lavezzi-Inseln
41° 20' N - 9° 15' O
Mittelmeer

DIE *BEATRICE* UND DER PHARAO

Wenn die Geheimnisse des Meeres jenen des Alten Ägypten begegnen

31° 11' 40" N - 29° 52' 20" O

Als die *Beatrice*, eine englische Brigg von 224 BRT, den Hafen von Alexandria mit Ziel Liverpool verlässt, befindet sich in ihrem Laderaum, neben 100 Tonnen Baumwolle, eine eigentümliche Fracht: der riesige Sarkophag aus Basalt des Pharaos Mykerinos, ein drei Tonnen schwerer Monolith, den sein Entdecker, Oberst Richard William Vyse, dem British Museum schenken möchte. Als Offizier und Ägyptologe ist er kein Unbekannter. Man verdankt ihm die Entdeckung der in Stein geritzten Kartusche des Königs Cheops in der Großen Pyramide von Gizeh. Aufgrund seiner Zeit bei der Kavallerie wird er allerdings nicht unbedingt als Wissenschaftler, sondern eher als Abenteurer wahrgenommen. Manch einer verurteilt daher seine teils gewaltsamen Forschungsmethoden, insbesondere, wenn er sich mithilfe von Schießpulver Zugang zu Grabkammern verschafft. Auf diese Weise gelangt der Oberst, begleitet vom Ingenieur John Shae Perring, am 30. Juli 1837 über die Nordseite in die kleinste der drei Pyramiden von Gizeh. Im Lichtschein der Fackeln erspäht Vyse zunächst zwei übereinanderliegende Grabkammer. In der ersten identifiziert er sogleich den hölzernen Sarkophag des Enkelsohns von Cheops, dessen Gebeine allerdings im Staub verstreut liegen. Denn der Engländer ist nicht der Erste, der das Grab von Mykerinos schändet – es wurde bereits geplündert. Doch in der Grabkammer darunter entdecken die Archäologen einen prachtvollen Sarkophag. Er ist leer und weist keinerlei Inschrift auf, dafür aber ein Relief mit Palastfassadenmuster. Dieses außergewöhnliche Exemplar will Vyse um jeden Preis mitnehmen. Nichts kann ihn aufhalten: weder die Granitmauern der Gänge, die er kurzerhand niederreißen lässt, noch der Transport des Sarkophags nach Alexandria, und schon gar nicht dessen illegaler Export – ohne offizielle Erlaubnis des Gouverneurs Muhammad Ali Pascha. Doch dieser Schatz der 4. Dynastie sollte niemals an sein Ziel gelangen. Wie einem lapidaren Vermerk aus dem *Loss and Casualty Book* von Lloyd's vom 31. Januar 1839 zu entnehmen ist, sei die *Beatrice* »am 20. September aus Alexandria und am 13. Oktober aus Malta ausgelaufen, mit Zielhafen Liverpool. Danach gab es von ihr keine Nachricht mehr.« Zwar kam am 30. Oktober 1838 eine Meldung über ein Schiffswrack nahe Cartagena, jedoch besteht darüber keine Gewissheit. Ist die Brigg womöglich Piraten zum Opfer gefallen? Oder ist sie in einen Sturm geraten und vor der Küste Portugals gesunken? Wir werden es niemals erfahren. Knapp zwei Jahrhunderte nach dem Fund des Mykerinos-Sarkophags ist sein mysteriöses Verschwinden nach wie vor ungeklärt.

Mittelmeer
31° 11' 40" N - 29° 52' 20" O
Alexandria
Maryut See
ÄGYPTEN

DER BRAND DES PASSAGIERSCHIFFS *GEORGES PHILIPPAR*

War Albert Londres das Opfer eines Komplotts?

12° 60' 5" N - 51° 16' 12" O

Mit den Händen in den Taschen steht Albert Londres an Deck des luxuriösen Passagierschiffs *Georges Philippar* und genießt ein letztes Mal die kühle Abendluft; dann begibt er sich in seine Kabine. Backbord funkelt in der Ferne das Leuchtturmlicht vom Kap Guardafui (Somalia), und die Nacht vom 15. auf den 16. Mai 1932 scheint mild zu werden. Die Feier anlässlich des Pfingstfestes neigt sich ihrem Ende zu, und endlich kann der berühmte Journalist, der in Shanghai an Bord gegangen ist, durchatmen. Nachdem er monatelang ununterbrochen über den Chinesisch-Japanischen Krieg berichtet hatte, arbeitet er im stillen Kämmerlein an einer »brandheißen« Geschichte. Ging es dabei um Expansionspläne der Japaner? Um ihre Verbindungen zu den chinesischen Triaden und zum Opiumhandel? Oder hat er womöglich herausgefunden, dass die Bolschewiken überraschenderweise darin verwickelt sind? Londres hält sich bedeckt, doch man erwartet eine Reportage, die ebenso schonungslos ist wie seine früheren über die Arbeitslager von Guyana oder die französischen Irrenanstalten.

So gut wie alles an Bord der *Georges Philippar*, die sich gerade auf dem Rückweg von ihrer ersten kommerziellen Reise befindet, ist funkelnagelneu. Die Reederei Messageries Maritimes wollte hoch hinaus, und in puncto Sicherheit auf See befindet sich ihr Schiff auf dem neuesten Stand. Bei einer Länge von 171 Metern verfügt es über ein Ladevolumen von 17.359 BRT, über acht Schotten sowie – gemäß den damaligen Vorschriften – über 16 Rettungsboote.

Obwohl Schiffe traditionell den Namen einer Person tragen, die man posthum ehren möchte, wurde die *Georges Philippar* nach dem – noch quicklebendigen – Präsidenten der Reederei Messageries Maritimes benannt.

Dank Dieselmotoren schafft die *Georges Philippar* 16 Knoten. Auf ihrer Jungfernfahrt, die zwischen dem 20. und 26. Januar 1932 von Saint-Nazaire über Lissabon und Ceuta bis nach Marseille führt, hat sich die Besatzung bereits mit ihr vertraut gemacht; aber einige abergläubische Seeleute sind doch etwas beunruhigt.

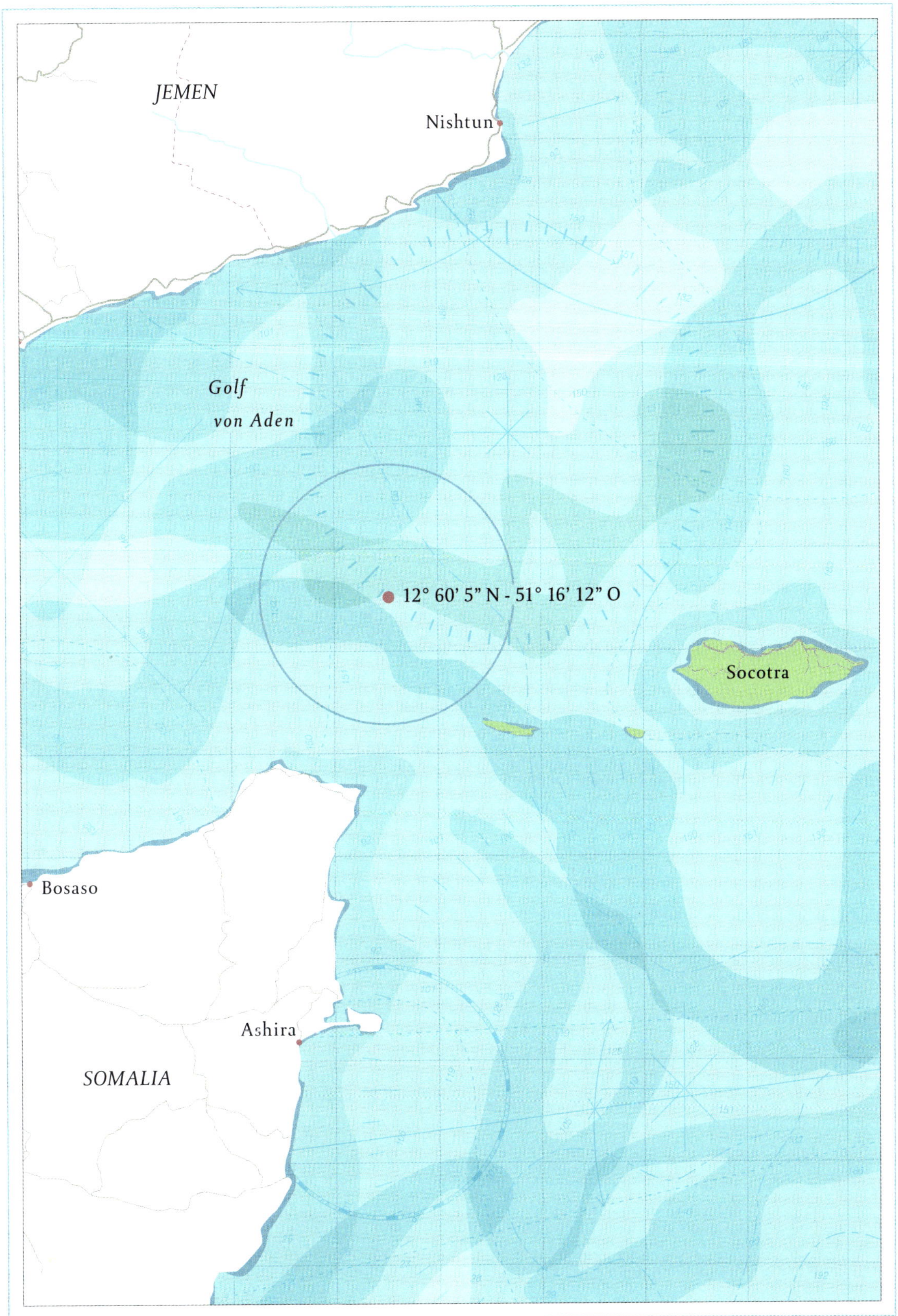
JEMEN
Nishtun
Golf
von Aden
12° 60' 5" N - 51° 16' 12" O
Socotra
Bosaso
Ashira
SOMALIA

Obwohl Schiffe traditionell den Namen einer Person tragen, die man posthum ehren möchte, wurde die *Georges Philippar* nach dem – noch quicklebendigen – Präsidenten der Reederei Messageries Maritimes benannt. Hinzu kommt eine alarmierende Häufung von Problemen mit den elektrischen Leitungen und Kurzschlüssen – all das verstärkt noch das Unbehagen der Männer. Doch für die Reederei ist dies nicht von Belang, und so legt das Passagierschiff wie geplant am 26. Februar 1932 in Marseille Richtung Fernost ab. Gegen 2 Uhr nachts, im Golf von Aden, bemerkt eine Passagierin einen widerlichen Geruch nach verbranntem Gummi und sieht, dass auf dem D-Deck aus Kabine Nummer 6 Rauch aufsteigt. Sie schlägt Alarm. Unverzüglich informiert der wachhabende Offizier den Kapitän und versucht, den Brand mit einem Feuerlöscher zu bekämpfen. Doch es ist aussichtslos. Das Feuer breitet sich mit rasender Geschwindigkeit aus.

Die Lampen in den Gängen und Kabinen erlöschen; das Parkett und die Wände werden von den Flammen verschlungen. Der Kapitän gibt den Befehl, die Maschinen zu stoppen und die feuerfesten Schotten zu schließen, wodurch Passagiere von Deck D teilweise eingeschlossen werden und bei lebendigem Leib verbrennen oder ersticken. Die anderen können das Schiff an Bord der Rettungsboote verlassen und werden später von einem sowjetischen Frachter, der *Sovietskaia Neft*, und von den englischen Schiffen *Contractor* und *Mahsud* gerettet, bis sie schließlich von der *André Lebon*, die man kurzerhand umgeleitet hat, aufgenommen werden. Um 8 Uhr 35 ist die Rettungsaktion abgeschlossen.

Von den 767 Personen an Bord kommen 52 ums Leben, darunter Albert Londres.

Die *Georges Philippar* ist nur noch ein glühender Streifen am Horizont. Noch drei Tage lang brennt das Wrack weiter; dann driftet es über 150 Meilen gen Norden und geht schließlich in der Nacht vom 19. auf den 20. Mai unter. Der weiße Luxusdampfer sollte nur 80 Tage auf See verbringen. Von den 767 Personen an Bord kommen 52 ums Leben, darunter Albert Londres. Während man, im allgemeinen Chaos unmittelbar nach der Katastrophe, noch die Hoffnung hat, ihn unter den Überlebenden zu finden, bringen Berichte von Augenzeugen später Gewissheit über seinen Tod. In *Le Figaro* schildert der in der Stadtverwaltung tätige Ingenieur Julien, was er in der Nacht des Unglücks gesehen hat: »Als ich meine Kabine verließ, um vor dem Feuer zu fliehen, habe ich sehr deutlich vernommen, wie jemand in der Kabine von Albert Londres rief: ›Zu Hilfe! Rettet mich!‹ Nach dem ersten Schrecken und der Verwirrung, in die uns diese tragischen Ereignisse gestürzt haben, kam mir der Gedanke, dass Albert Londres gewiss von der elektrischen Verriegelung seiner Kabinentür Gebrauch gemacht hat, und dass er diese Tür zum Zeitpunkt des Brandes nicht öffnen konnte. Das ist bloß eine Vermutung, die ich hier äußere, doch mir ist schleierhaft, warum er seine Kabine nicht verlassen konnte. Zudem gab es ja noch das Bullauge, durch das er ohne Weiteres hätte entkommen können. Warum hat er seine Kabine nicht auf diesem Wege verlassen? Das frage ich mich immer wieder.«

In der nächsten Ausgabe liefert ein weiterer Augenzeuge, ein Offizier der *Georges Philippar* namens Maurice Sadorge, eine mögliche Erklärung: »Ich befand mich auf dem Deck mit den Rettungsbooten, als ich plötzlich Hilferufe aus einer Luxuskabine auf dem Deck direkt darunter hörte und sah, wie ein Passagier durch das Bullauge kletterte und um Hilfe rief. Es handelte sich, wie ich im Nachhinein erfuhr, um Albert Londres. Ich habe ihm einen dieser langen Schläuche aus Sackleinen zugeworfen, mit denen morgens immer das Deck abgespritzt wird, und die im Brandfall gegen das Feuer eingesetzt werden sollen. Albert Londres hat den Schlauch gepackt, hat sich aus der Kabine gewunden und begonnen, sich kraft seiner Arme hochzuziehen, um auf das Deck mit den Rettungsbooten zu gelangen. Ich glaubte ihn in Sicherheit, also wandte ich mich den verängstigten Frauen und Kindern zu, die sich auf dem obersten Deck drängten und nicht wussten, was zu tun ist. Ich half dann anderen Besatzungsmitgliedern, sie über das Heck zu evakuieren. Nun riss aber der Schlauch, an dem sich Albert Londres festhielt – vermutlich, weil das Feuer vom Deck der ersten Klasse ihn bereits erfasst hatte – und er stürzte wohl ins Meer.«

Eine Frage, die sich alle Welt stellt, bleibt jedoch auch nach diesen Berichten unbeantwortet: Wurde der Brand auf der *Georges Philippar* durch einen Unfall verursacht oder durch einen Anschlag herbeigeführt? Schließlich wirkt der plötzliche Tod des berühmten Reporters verdächtig, und manch einer vermutet gar ein Komplott, das ihn daran hindern sollte, die Ergebnisse seiner Recherchen über China öffentlich zu machen. Bald darauf ergibt die Untersuchung des Wracks, dass der Brand tatsächlich durch die Bordelektrik verursacht wurde. Doch nur wenige Tage später kommen die Eheleute Lang-Willar, die mit Londres befreundet und mit ihm zusammen gereist waren, ums Leben, als ihr Flugzeug auf dem Weg zurück nach Frankreich plötzlich abstürzt. Ihr Tod spricht für die Verschwörungstheorie, die allerdings bis heute unbewiesen bleibt.

DIE KARIBIK

DER SCHATZ DER *NUESTRA SEÑORA DE LAS MARAVILLAS*

Wie aus dem Wrack einer Galeone eine wahre Goldgrube wurde

25° 4' 59" N - 77° 18' 49" W

Auf ihrem Rückweg aus der Neuen Welt passieren die spanischen Galeonen die Antillen und kreuzen die Karibik, ein Paradies für Schatzsucher. Es ist ein gewinnbringendes Geschäft, und Schiffswracks gibt es zuhauf. Denn im 16. und 17. Jahrhundert kehrte ein Drittel der Silberflotte nie nach Spanien zurück: Ihre Schiffe wurden von Freibeutern und Piraten überfallen, gingen unter oder zerschellten in tropischen Stürmen an Felsenriffen. Trotz dieser schwerwiegenden Verluste macht die königliche Behörde Casa de Contratación, die bis 1790 den Schiffsverkehr zwischen Amerika und der Iberischen Halbinsel – und alle spanischen Entdeckungs- und Eroberungsexpeditionen in die Neue Welt – kontrollierte, weiter wie gehabt.

> In vielen Fällen bittet der Kapitän nach dem Untergang seines Schiffes um die Genehmigung, alles, was von Wert sein könnte, zu bergen.

Nachdem die Geleitzüge Santo Domingo passiert haben, steuern sie ihren jeweiligen Zielhafen an, versammeln sich dann in Havanna und kehren im Schiffsverband mit ihrer Ladung nach Spanien zurück. Der Ablauf ist dabei immer derselbe, und es segeln bis zu 40 Galeonen im Verbund. Mag sein, dass diese Methode den Feind bis zu einem gewissen Grad abschreckt, allerdings kann die Havarie eines einzelnen Schiffes alle anderen aufhalten, und wenn die gefürchteten Tropenstürme losbrechen, kann der gesamte Flottenverband mit Mann und Maus untergehen.

In vielen Fällen bittet der Kapitän nach dem Untergang seines Schiffes um die Genehmigung, alles, was von Wert sein könnte, von den Kanonen bis hin zum Geschirr, zu bergen. Manche halten sich an die entsprechenden Vorschriften, andere nicht. Mithilfe einer Taucherglocke, die seit Ende des 16. Jahrhunderts in Gebrauch ist, können sich mindestens zwei Personen mehrere Minuten lang in bis zu zehn Metern Tiefe unter Wasser aufhalten. Nicht selten kommt es dabei zu Unfällen, und viele Taucher sterben bei dem Versuch, sich ein paar Goldmünzen zu angeln, die in zu großer Entfernung auf dem sandigen Meeresboden verstreut liegen. 1690 entwickelt der

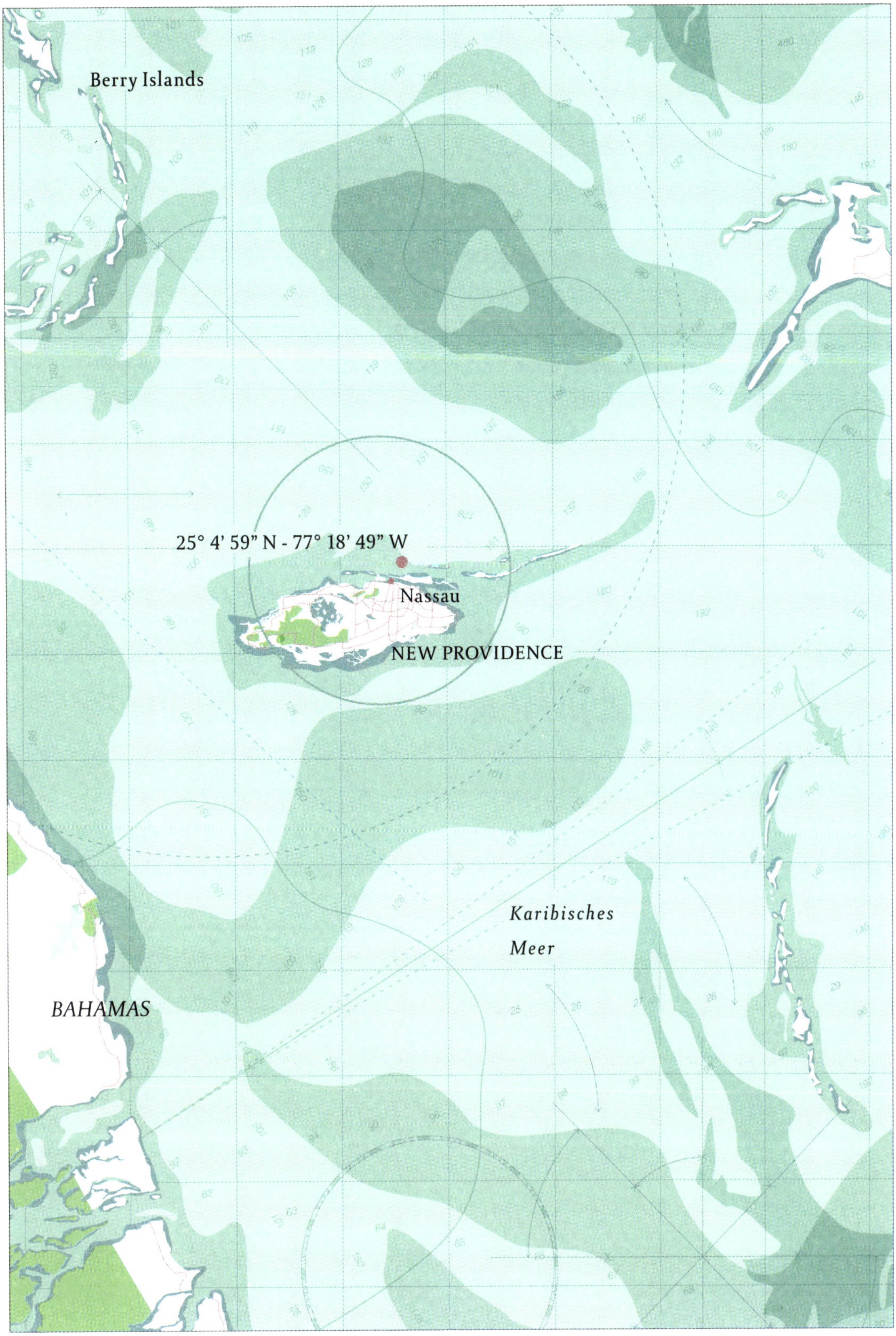
Berry Islands
25° 4' 59" N - 77° 18' 49" W
Nassau
NEW PROVIDENCE
Karibisches
Meer
BAHAMAS

Physiker Edmond Halley die Tauchvorrichtung weiter, indem er sie mit einer widerstandsfähigeren Bleihülle versieht und außerhalb der Glocke Behälter zur Luftversorgung befestigt. Von nun an kann eine zwei- oder dreiköpfige Besatzung eine gute Stunde in bis zu 20 Metern Tiefe bleiben.

Im Jahr 1715 erfindet John Lethbridge einen der ersten »Taucheranzüge«. Er besteht aus einem Holzfass, hat zwei Öffnungen mit Lederdichtungen für die Arme und ein Sichtfenster. Wenngleich er mehr Bewegungsfreiheit bietet, verfügt er doch über keine Luftzufuhr von außen. Sein Aktionsradius ist begrenzt, sodass die meisten Wracks, auch das der *Nuestra Señora de las Maravillas*, nur zum Teil erkundet werden können. Das Schiff, das erst 1972 von dem Schatzsucher Robert Marx entdeckt wurde, lief in den seichten Gewässern vor den Bahamas auf ein Riff und brach auseinander. Die schwer bewaffnete und 900 BRT große Galeone bildete die Nachhut eines Geleitzugs, dem, Gerüchten zufolge, ein Angriff durch englische Freibeuter drohte.

Der Schiffsverband, den sie begleitet, verlässt am 10. Juli 1654 Spanien mit Kurs auf die Karibik und trifft nach einer Überfahrt ohne besondere Vorkommnisse am 22. August in Cartagena de Indias (Kolumbien) ein. Nachdem ihre kostbare Ladung verstaut ist, laufen die Schiffe Havanna an, wo sie noch Zucker, Kakao, Tabak und andere Waren mit an Bord nehmen. Am 1. Januar 1656 verlässt die Flottille Havanna mit dem Zielhafen Cadiz. Doch nach drei Tagen auf See wird die *Nuestra Señora de las Maravillas* versehentlich von einer anderen Galeone gerammt. Da es der Besatzung nicht gelingt, das Leck auf hoher See abzudichten, steuert sie nach Osten, um das Schiff an einer seichten Stelle absichtlich auf Grund zu setzen. Nur 45 der insgesamt 650 Personen an Bord können gerettet werden. Den Spaniern gelingt es, 16 Kanonen sowie einige Dutzend Silberbarren und Goldmünzen aus der Tiefe zu bergen. Aber trotz mehrerer Versuche sind Dreiviertel der Ladung verloren, darunter – so heißt es – eine lebensgroße Statue der Jungfrau Maria mit Kind aus massivem Gold.

Trotz mehrerer Versuche sind Dreiviertel der Ladung verloren, darunter – so heißt es – eine lebensgroße Statue der Jungfrau Maria mit Kind aus massivem Gold.

Drei Jahrhunderte später, Ende der 1980er-Jahre, erhält der Amerikaner Herbert Humphreys nach langen Verhandlungen mit der Regierung der Bahamas schließlich die Konzession für die Stelle des Schiffbruchs, die er daraufhin wie eine Mine ausbeutet. Schon bei den ersten Tauchgängen befördern Humphreys' Mitarbeiter Barren sowie Münzen aus Gold und Silber und prachtvolle Juwelen an die Oberfläche, darunter ein von Smaragden eingefasstes Kreuz, das für die Königin von Spanien bestimmt war. Das ganze Ausmaß ihrer Funde ist allerdings unbekannt, ebenso wie der tatsächliche Wert des gehobenen Schatzes. Eine Million Dollar? Eine Milliarde? Das weiß niemand so genau. Zumal nur ein Teil der Galeone durchsucht worden sei. Doch wie glaubhaft ist das alles? Schließlich ist die Welt dieser Schatzjäger genauso undurchsichtig wie die Gewässer, die sie erforschen.

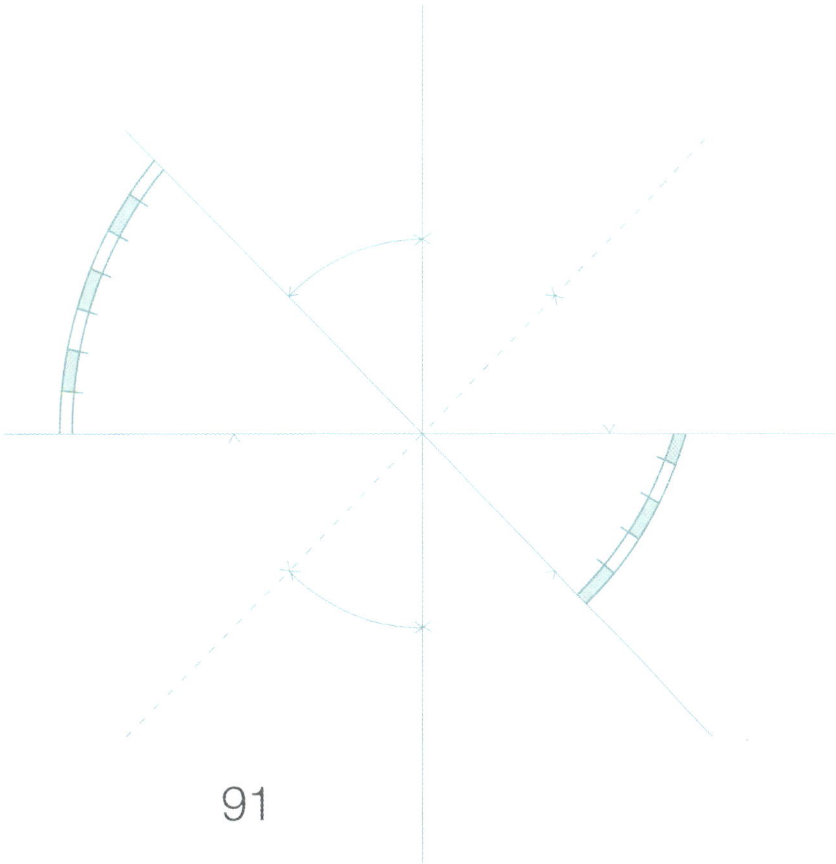

DIE FLOTTE VON ADMIRAL D'ESTRÉE IN TRÜMMERN

Die Sünde des Hochmuts von Curaçao

11° 58' 48" N - 67° 39' 26" W

Der Comte Jean II. d'Estrées, mit 25 Jahren bereits Befehlshaber eines Truppenkontingents und mit 33 Jahren vom König zum Oberbefehlshaber ernannt, gehört zu jenen Mitgliedern des Hochadels, die unter dem Ancien Régime das Kommando über eine Flotte erhielten, ohne zuvor jemals zur See gefahren zu sein. Und als er seinen Cousin, den Herzog von Beaufort, aufsucht, seinerzeit Großmeister der Handels- und Kriegsmarine, kennt sich Jean d'Estrées weitaus besser mit flandrischen Bollwerken und dem spanischen Kampfverband der Tercios aus, als mit den wichtigen Kriegshäfen des Königreichs. Seine Offiziere begegnen dem hitzigen und exaltierten Grafen zunächst mit Skepsis, doch seine Stärken sind nicht von der Hand zu weisen. Nachdem er 1669 zum Ersten Vizeadmiral der Flotte du Ponant (Westwind-Flotte) ernannt wird, kämpft er in der Karibik gegen die Engländer und schlägt im Mittelmeer den Dey von Algier in die Flucht.

Seine Offiziere begegnen dem hitzigen und exaltierten Grafen zunächst mit Skepsis, doch seine Stärken sind nicht von der Hand zu weisen.

Während des Französisch-Niederländischen Krieges (1672–1678) wird er zum Oberbefehlshaber des französischen Geschwaders befördert, und seine Gedanken kreisen nur noch um Seeschlachten und brennende Schiffe. Solange er den Oberbefehl hat, kommt der Feind ihm nicht zu nahe. Doch im Juni 1674 gelingt es den holländischen Truppen, auf den bretonischen Inseln Belle-Île und Noirmoutier zu landen und zu plündern. In Versailles sorgt die Angelegenheit für große Aufregung, und d'Estrées entgeht nur knapp einer Abberufung. Sein Hass auf die Niederländer wird immer abgründiger. Im Oktober 1676 läuft er mit vier 50-Kanonen-Schiffen und vier Fregatten aus Brest aus, um das kurz vorher von den Vereinigten Provinzen in Besitz genommene Cayenne an der Nordküste Südamerikas zurückzuerobern. Am 21. Dezember ist die Rückeroberung vollbracht. Am 20. Februar 1677 segelt das französische Geschwader

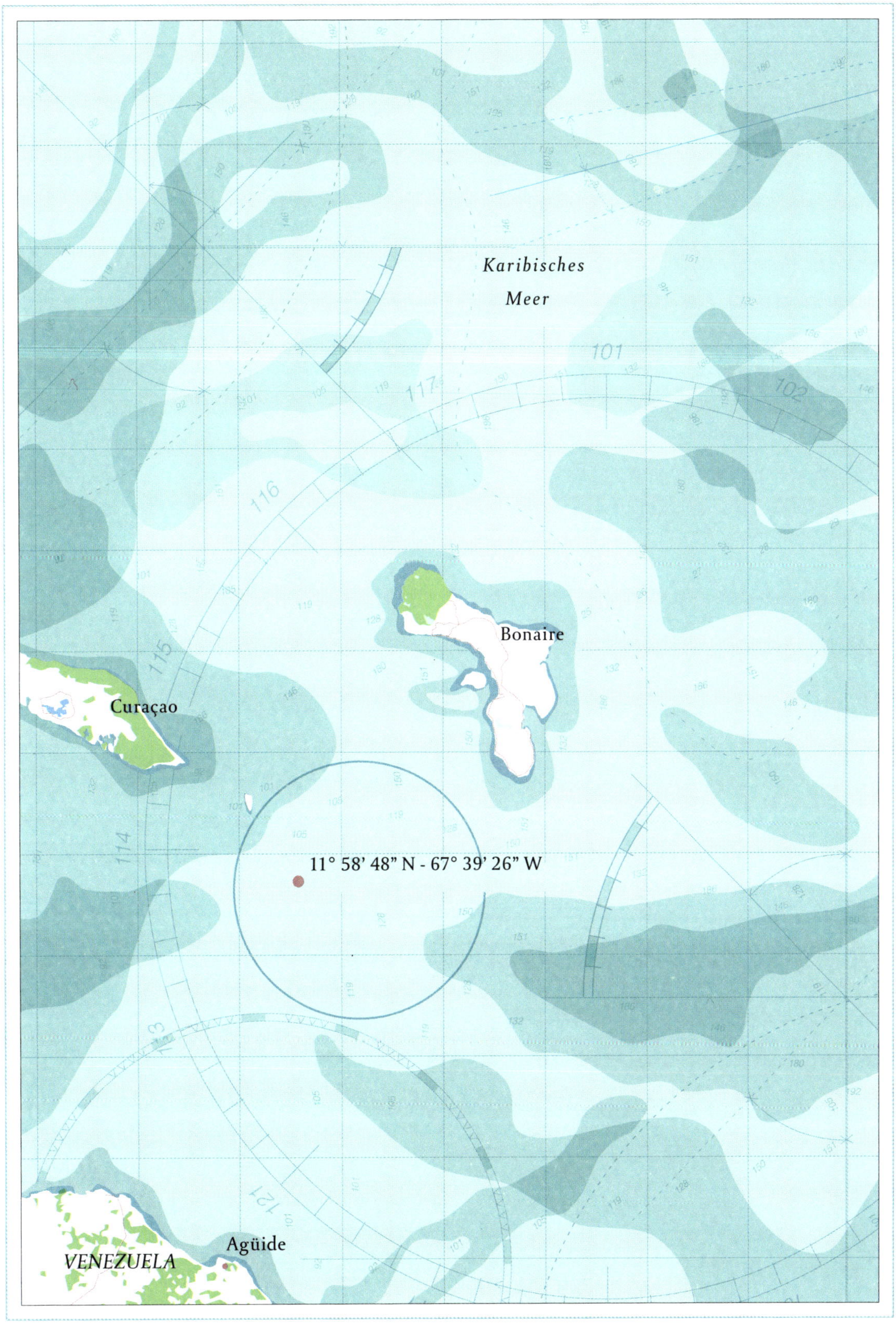
Karibisches
Meer
Bonaire
Curaçao
11° 58' 48" N - 67° 39' 26" W
VENEZUELA
Agüide

zur Neu-Walcheren-Bucht auf der Antillen-Insel Tobago, dem Ankerplatz der feindlichen Schiffe. Doch der Angriff schlägt fehl, und das, was von der französischen Flotte übrig ist, flieht nach Grenada.

Im Juli 1677 kehrt Jean d'Estrées zunächst nach Frankreich zurück, um kurze Zeit darauf erneut in See zu stechen und die niederländischen Besatzer am 1. November von der senegalesischen Insel Gorée, einem Zentrum des Sklavenhandels, zu vertreiben. Für die Oranier, seit 1588 Besitzer der Insel, ist dies eine schmerzhafte Niederlage. Zurück in der Karibik gehen die Truppen von d'Estrées am 6. Dezember auf Tobago an Land. Während der Kampfhandlungen explodiert der Pulverturm der Festung; der Führungsstab des Feindes und mehr als 250 Soldaten werden dabei getötet. 16 niederländische Schiffe streichen die Flagge, und am 29. Dezember wird die Kapitulation unterzeichnet. Ein Sieg auf ganzer Linie. Doch d'Estrées reicht das noch nicht. Am 7. Mai 1678 legt er von den Kleinen Antillen ab, um die Insel Curaçao, von wo aus die Freibeuter den französischen Handelsschiffen erheblich zusetzen, einzunehmen und besetzt zu halten, »sodass die Niederländer sich dort nie mehr blicken lassen werden«. Mit der Unterstützung des Gouverneurs der französischen Kolonie Saint-Domingue (heute Haiti) begibt sich d'Estrées in Klausur, um den Militärschlag bis ins kleinste Detail zu planen. Der Admiral wischt alle Einwände vom Tisch, ob es um Fragen zur Taktik geht oder um die Kritik an seinem Lotsen, den er persönlich ausgewählt hat und dessen Fertigkeiten er unermüdlich preist. Die Zweifel seiner Offiziere tut er mit einem Schulterzucken ab.

Der Admiral wischt alle Einwände vom Tisch, ob es um Fragen zur Taktik geht oder um die Kritik an seinem Lotsen, den er persönlich ausgewählt hat und dessen Fertigkeiten er unermüdlich preist. Die Zweifel seiner Offiziere tut er mit einem Schulterzucken ab.

Seine Flotte, bestehend aus 17 Kriegsschiffen und Korsaren, zählt zu den bedeutendsten Flotten in der Regierungszeit des Sonnenkönigs. Mit seiner üblichen Selbstsicherheit befiehlt d'Estrées, die kleine Insel Orchila anzusteuern. In der Nacht vom 10. auf den 11. Mai, nach drei Tagen auf See, signalisieren die

Filibuster jedoch mit Kanonenschüssen, dass die Flotte geradewegs auf die Korallenriffe des Las Aves-Archipels zusteuert – ein Seegebiet, das damals noch nicht kartografiert, unter Seeleuten aber durchaus bekannt und berüchtigt war. An Deck seines Flaggschiffs *Terrible* gibt d'Estrées sogleich den Befehl zum Wenden, wobei ihm ein günstiger Wind zugutekommt. Doch just als die *Terrible* endlich außer Gefahr scheint, prallt sie mit dem Rumpf auf ein Riff und bricht unter ohrenbetäubendem Lärm auseinander. Innerhalb weniger Minuten zerschellen auch die *Tonnant*, die *Prince*, die *Belliqueux*, die *Hercule*, die *Défenseur* und die *Bourbon* an den Felsenriffen. Durch seinen Starrsinn hat d'Estrées die mit einem sieben Jahre langen Krieg verbundenen Hoffnungen zunichte gemacht: Die Insel Curaçao bleibt in niederländischem Besitz.

DIE BANCO DE LA PLATA

Wie Kommandant Cousteau statt einer spanischen Galeone ein französisches Wrack erforschte

24° 0' 4" N - 77° 14' 26" W

Im Juli 1968 kehrt das berühmte Forschungsschiff *Calypso*, unter dem Kommando von Jacques-Yves Cousteau, von einer langen Schiffsreise zum Kap der Guten Hoffnung zurück, passiert St. Helena und steuert die Karibik an. Eigentlich müsste es zu einer weiteren Forschungsreise nach Südamerika aufbrechen, doch Cousteau will unbedingt eine Ausgrabungsstätte unter Wasser filmen, also fährt er stattdessen zur Banco de la Plata (Silberbank), vor der Küste von Santo Domingo (Dominikanische Republik), um dort nach dem Wrack der spanischen Galeone *Nuestra Señora de la Concepción* zu suchen. In den Tagen vor deren Schiffbruch am 2. November 1641 lässt eines der schlimmsten Unwetter der Saison sieben Schiffe aus ihrem Geleitzug untergehen oder an der Küste Floridas zerschellen. Manövrierunfähig und ohne Mast wird der Rumpf der *Nuestra Señora de la Concepción* langsam abgetrieben und gerät in ein Unwetter, ehe ein Riff ihr Schicksal besiegelt. Die Geschichte wiederholt sich, wodurch eine gewaltige Menge von Spaniens Gold und Silber auf dem Grund des Meeres verloren geht. Es werden mehrere Suchaktionen durchgeführt. Doch das Schiff bleibt unauffindbar, und schon bald erzählt man sich überall in der Karibik die Legende von ihren unermesslichen Reichtümern.

Trotz mehrerer Suchaktionen bleibt die Galeone *Nuestra Señora de la Concepción* unauffindbar, und schon bald erzählt man sich überall in der Karibik die Legende von ihren unermesslichen Reichtümern.

William Phips, ein englischer Marineoffizier, der ursprünglich aus einer Kleinstadt in Maine kommt, überredet rund 40 Jahre später den englischen König dazu, ihm das Kommando über die 18-Kanonen-Fregatte *Rose d'Alger* zu übertragen, mit der er sich auf die Suche nach der Galeone machen will. Sein erster Versuch schlägt fehl, und er muss erneut die königliche Erlaubnis einholen, bevor er mit

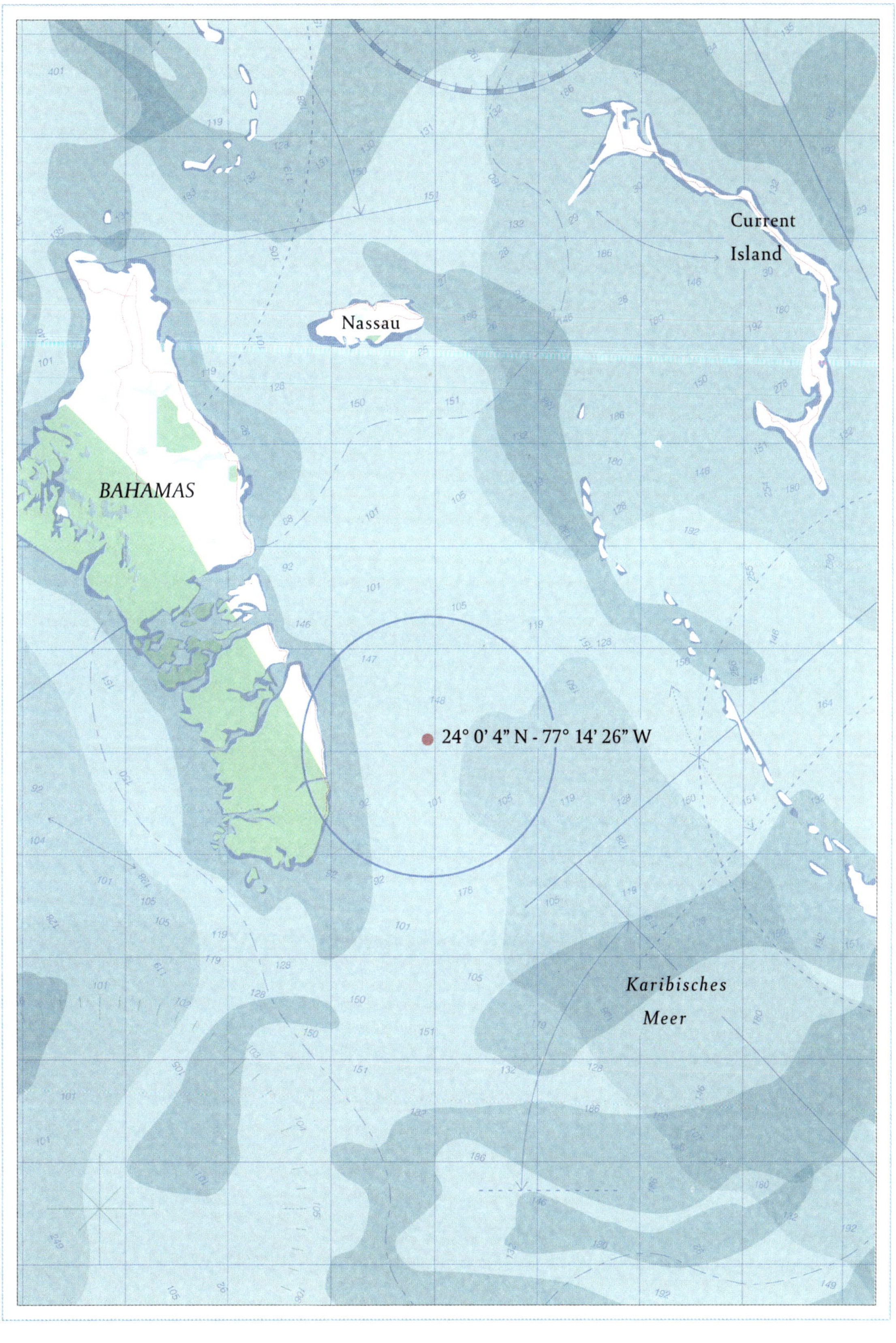
Current Island
Nassau
BAHAMAS
24° 0' 4" N - 77° 14' 26" W
Karibisches Meer

zwei Schiffen, der *James and Mary* und der *Henry of London*, abermals zu den Riffen segelt. Am 29. Januar 1687 hat man das Wrack endlich aufgespürt, und seine Ladung wird mit den an Bord vorhandenen Möglichkeiten geborgen.

Als Phips am 6. Juni 1687 The Downs an der Ostküste von Kent erreicht, bringt er über 34 Tonnen Silber mit – in Form von sogenannten Achterstücken (spanische Reales-Münzen), Barren und kostbarem Geschirr – außerdem Dutzende Goldmünzen und zahlreiche Schmuckstücke. Ein riesiges Vermögen. Der Offizier erhält einen Teil der Beute und wird von Jakob II. zum Ritter geschlagen. Nach seiner Berufung zum ersten königlichen Gouverneur der Kolonie Massachusetts trägt er dazu bei, die seit 1692 herrschende Hysterie in der puritanischen Dorfgemeinschaft Salem zu beenden, wo es zu Hexenverfolgungen gekommen war. Nach seinen militärischen Niederlagen gegen die Franzosen in Kanada wird Phips vom König nach London zurückbeordert, wo er, in Ungnade gefallen, drei Jahre später verstirbt.

> Am 6. Juni 1687 bringt William Phips über 34 Tonnen Silber mit – in Form von sogenannten Achterstücken, Barren und kostbarem Geschirr – außerdem Dutzende Goldmünzen und zahlreiche Schmuckstücke. Ein riesiges Vermögen.

1968 beschließt der damalige Bürgermeister der Antillen-Insel Saint-Barthélemy und Regionalabgeordnete Rémy de Haenen, gemeinsam mit Jacques-Yves Cousteau eine weitere Erkundung der *Nuestra Señora de la Concepción* durchzuführen, denn er ist überzeugt, dass William Phips nur einen Bruchteil des Goldschatzes geborgen hat. Bald darauf bringt Bernard Delemotte, Kameramann und Mitglied des Forschungsteams, eine Kanone an die Oberfläche und erklärt, man habe ein altes Schiffswrack entdeckt. Doch trotz unzähliger Tauchgänge und einer gründlichen Analyse von über 300 Tonnen Korallenresten findet die völlig erschöpfte Besatzung der *Calypso* nichts, was auf einen Schatz hindeutet. Allerdings werden Tonscherben mit Prägestempeln aus dem Jahr 1756 gefunden, die darauf schließen lassen, dass es

sich um ein französisches Schiff aus dem 18. Jahrhundert handelt, dessen Name jedoch unbekannt bleibt.
Zehn Jahre später reist der amerikanische Schatzsucher Burt D. Webber Jr. zur Banco de la Plata, wo er am 28. November 1978 offiziell den Fund der Galeone bekannt gibt. Nur wenige hundert Meter von der Stelle entfernt, an der Cousteaus Forschungsteam suchte, funkeln die ersten Goldmünzen …

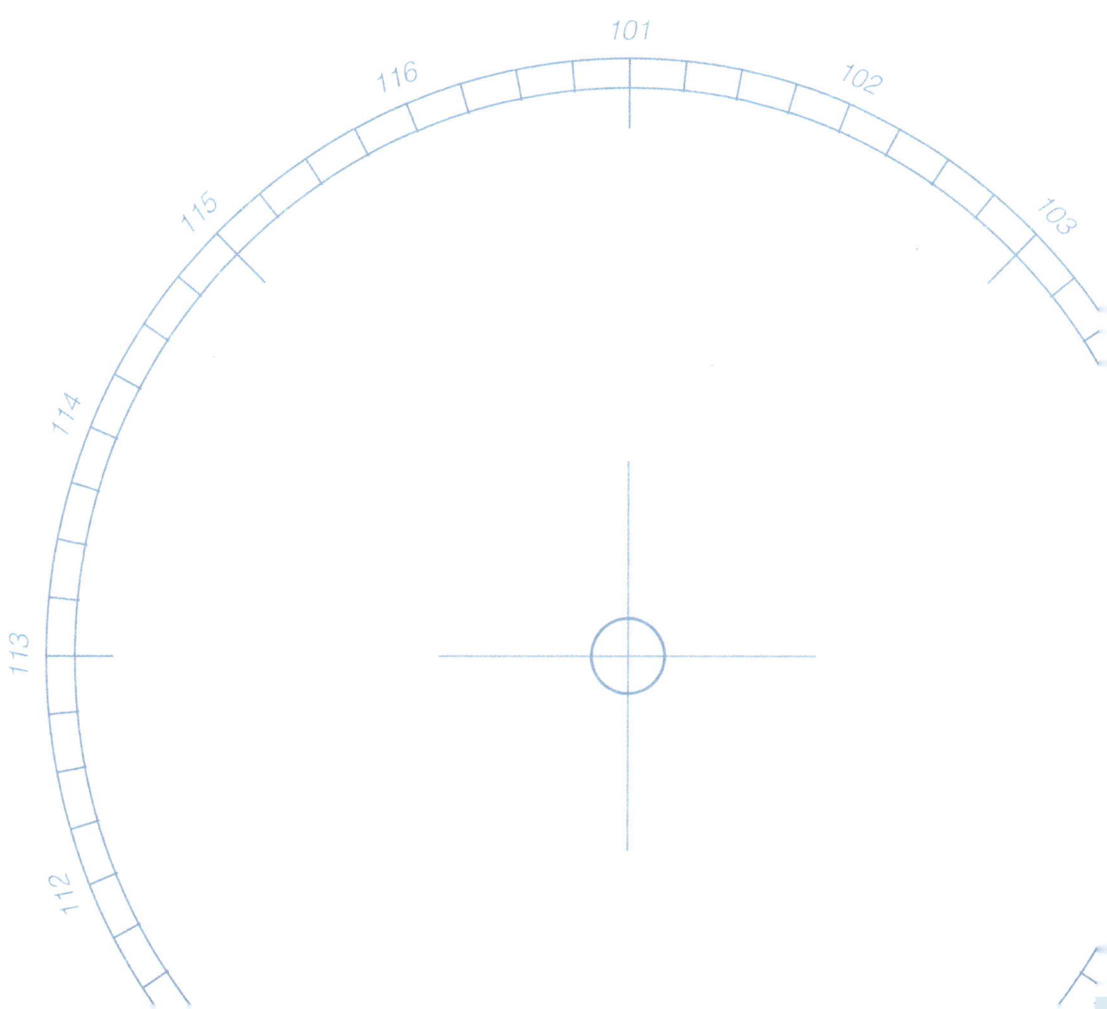

DIE *BELEM*

Unter einem guten Stern geboren

47° 13' 1" N - 1° 33' 28" W

Seeleute neigen schon immer zum Aberglauben. In Douarnenez (Bretagne) zum Beispiel glaubte man, dass Schiffsnummern mit »Rundungen« (0, 2, 3, 5, 6, 8 und 9) den Fang begünstigten. Wohingegen Schiffsnummern mit »Ecken und Kanten« (1, 4 und 7) so gefürchtet waren, dass manch ein Kapitän die Registrierung seines Kutters absichtlich hinauszögerte oder aber ein paar Serifen in Form von Angelhaken dazu malte, um Schicksalsschläge abzuwenden. Und dann gibt es noch jene, unter einem guten Stern geborene Schiffe, die vom Glück förmlich verfolgt werden.

Es gibt Schiffe, die unter einem guten Stern geboren wurden und vom Glück förmlich verfolgt werden.

Eines dieser Schiffe ist die am 10. Juni 1896 vom Stapel gelaufene *Belem* – das einzige erhaltene französische Segelfrachtschiff aus dem 19. Jahrhundert. Sie ist kein Schnellsegler, hat nie Kap Hoorn umschifft und nie einem Sturm in der Südsee getrotzt. Als sogenannte »Antillais« ist sie dazu bestimmt, den Atlantik bis zu den Antillen zu überqueren. Sie ist der ganze Stolz der Reederei Denis Crouan & Fils aus Nantes und dient – im Auftrag der Chocolaterie Menier – insbesondere zur Einfuhr von Kakao. Benannt wird sie nach jener brasilianischen Stadt, in der ihre Reeder bereits ein Kontor gegründet haben. Obgleich nicht sonderlich groß – ihre Gesamtlänge beträgt 58,5 Meter – wirkt die *Belem* doch ausgesprochen elegant, was ihr schon bald den Beinamen »Yacht« einbringt.
Als sie am 7. Mai 1902 im Hafen von Saint-Pierre auf Martinique ankern will, wird ihr aus Platzgründen die Einfahrt verwehrt, und so muss sie die Bucht von Le Robert, auf der anderen Seite der Insel, anfahren. Am Tag darauf kommt es zu einem Ausbruch des Vulkans Mont Pelée, dessen Glutwolke die Stadt Saint-Pierre in Schutt und Asche legt. Mehr als 30.000 Menschen kommen ums Leben. In der Bucht sind gut ein Dutzend Schiffe unter glühender Asche und Schlamm begraben worden und untergegangen. Die *Belem* jedoch hat die Katastrophe wie durch ein Wunder überlebt.

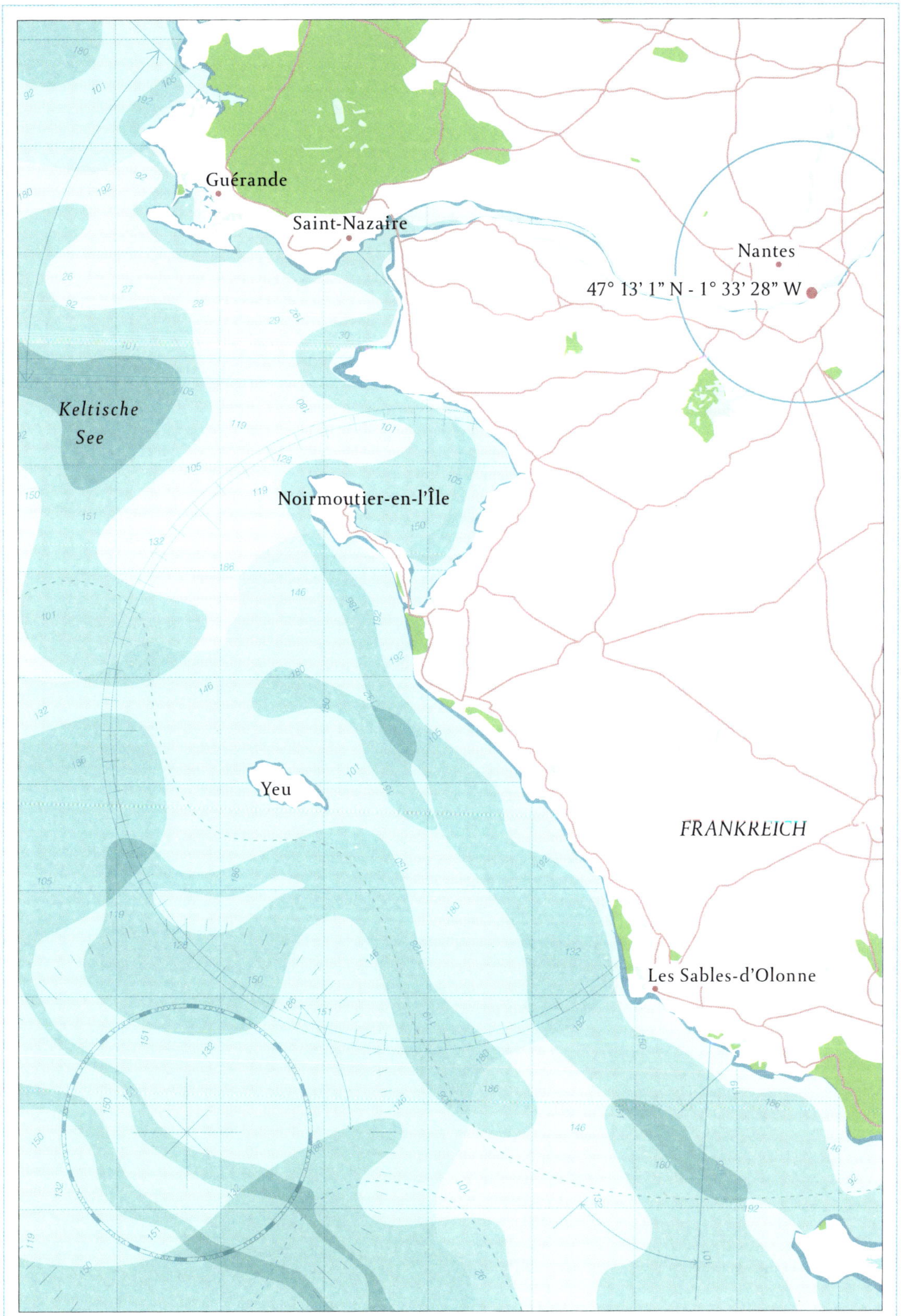

Guérande
Saint-Nazaire
Nantes
47° 13' 1" N - 1° 33' 28" W
Keltische
See
Noirmoutier-en-l'Île
Yeu
FRANKREICH
Les Sables-d'Olonne

> **Während einer Reise durch die Republik Venedig entdeckt Luc-Olivier Gosse das ehemalige Schmuckstück aus Nantes, und es gelingt ihm, das Interesse anderer Segelfans zu wecken. 1984 wird die *Belem*, als eines der ersten Schiffe, unter Denkmalschutz gestellt. Ein Jahr später sticht sie erneut in See und kehrt nach Nantes zurück.**

Während die meisten der großen Dreimaster auf Schiffsfriedhöfen verrotten, wird die Belem 1914 vom Duke of Westminster erworben, der sie zu einer Luxusyacht umbauen lässt. Später wird sie dann an den irischen Brauereibesitzer Arthur Ernest Guinnes verkauft und geht unter dem Namen *Fantôme II* auf Weltreise.

Um den 1. September 1923 verzögert sich ihre Ankunft im japanischen Yokohama, da die Besatzung vor dem Wind kreuzen muss, und so entgeht sie dem schrecklichen Erdbeben, das damals die Küste Japans heimsucht. Selbst unter fremder Flagge ist das Glück ihr treu. Zu Beginn des Zweiten Weltkriegs legt sie an der Isle of Wight an, um dort abgetakelt zu werden. Von den Bombenangriffen der Deutschen verschont, dient sie vorübergehend als Unterkunft der Forces Navales Françaises Libres (Freie Französische Seestreitkräfte), wird daraufhin in *Giorgio Cini* umbenannt und zu einem Schulschiff umgebaut, auf dem Waisenkinder der italienischen Marine eine berufliche Ausbildung erhalten. Nach 1965 außer Dienst gestellt, landet sie auf einer venezianischen Werft, die sie gerne los wäre, doch sie entgeht mit viel Glück der Abwrackung.

Während einer Reise durch die Republik Venedig entdeckt der Arzt Luc-Olivier Gosse, ein Liebhaber von historischen Großseglern, das ehemalige Schmuckstück aus Nantes. Es gelingt ihm, das Interesse anderer Segelfans zu wecken. Nach langen Verhandlungen, insbesondere zwischen der Union Nationale des Caisses d'Épargne und den Behörden, wird die Belem am 17. September 1979 schließlich von einer Marineeinheit nach Brest geholt. Anschließend gründet man eine Stiftung, mit dem tollkühnen

Plan, die *Belem* wieder flottzumachen und sie in eine Art Museumsschiff umzuwandeln. 1984 wird sie, als eines der ersten Schiffe, unter Denkmalschutz gestellt. Ein Jahr später sticht sie erneut in See, um in ihre Heimatstadt Nantes zurückzukehren und dort ein neues Leben als Touristenschiff zu beginnen.

DIE *MARY CELESTE*

Wie ein berühmtes Geisterschiff an einem Felsen zerschellt

18° 58' 16" N - 72° 17' 6" W

Vor den Azoren, im Atlantik, wird die *Mary Celeste* am 4. Dezember 1872 zu einem Mysterium der Ozeane. An jenem Tag sichtet der Steuermann der *Dei Gratia*, eines Segelfrachtschiffes unterwegs nach Gibraltar, ein – dem Anschein nach – havariertes Schiff.

Seine Segel sind fast alle gerafft, nur einige wenige flattern lose im Wind oder wurden vermutlich heruntergerissen. Auf Signale reagiert der Segler nicht, sondern fährt einen Zick-Zack-Kurs in etwa 10 Seemeilen Entfernung. Der Kapitän der *Dei Gratia*, David Morehouse, ist stutzig geworden und beschließt, dem Schiff zu Hilfe zu kommen. Als er kurz darauf die Silhouette der amerikanischen Schonerbrigg *Mary Celeste* erkennt, wird ihm angst und bange. Ihr Kapitän, Benjamin Briggs, ist ein Freund von Morehouse, und die beiden Männer hatten sich, kurz bevor sie in See stachen, noch getroffen. Mit 37 Jahren ist Briggs bereits ein anerkannter Seefahrer, und in seiner Heimatregion Neuengland hat seine Familie einen tadellosen Ruf. Einen Monat zuvor hat er New York verlassen, zusammen mit neun weiteren Personen – seiner Ehefrau Sarah, seiner zweijährigen Tochter Sophia Mathilda und sieben Seeleuten –, um im Hafen von Genua, in Italien, seine Fracht von 1700 Fässern Rohalkohol zu entladen. Als gewissenhafter und tiefgläubiger Mensch hatte Kapitän Briggs seine Offiziere mit Sorgfalt ausgewählt und nur zuverlässige, erfahrene Männer angeworben.

> An Deck ist kein Rettungsboot zu sehen; die Besatzung hat sich in Luft aufgelöst. Das Schiff ist verlassen. Was ist geschehen? Der letzte Eintrag im Logbuch stammt vom 25. November, 8 Uhr morgens.

An Deck ist kein Rettungsboot zu sehen; die Besatzung hat sich in Luft aufgelöst. Das Schiff ist verlassen. Was ist geschehen? Laut dem letzten Eintrag im Logbuch vom 25. November, 8 Uhr morgens – also neun Tage zuvor – befand sich die *Mary Celeste* zu jenem Zeitpunkt rund 750 Seemeilen südwestlich von ihrer aktuellen Position. Die Fracht im Laderaum ist unversehrt, die reichlichen Vorräte

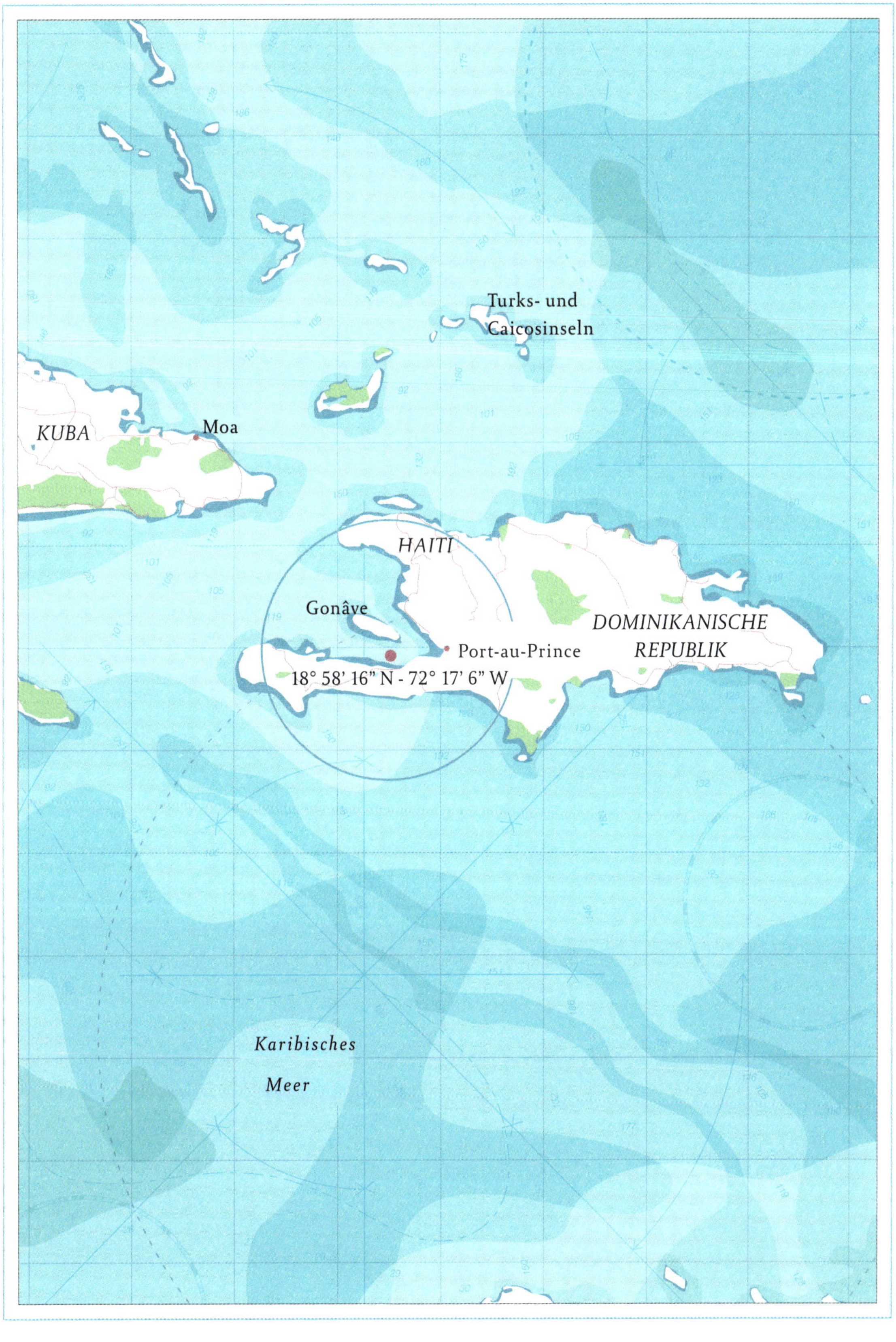
Turks- und
Caicosinseln
KUBA
Moa
HAITI
Gonâve
Port-au-Prince
DOMINIKANISCHE
REPUBLIK
18° 58' 16" N - 72° 17' 6" W
Karibisches
Meer

sind ordentlich verstaut. Briggs' Kajüte ist einigermaßen aufgeräumt, ebenso die Quartiere der Matrosen und des Ersten Offiziers; nur die Navigationsinstrumente sind unauffindbar. In der Kantine ist alles an seinem Platz, und auch die Kombüse ist sauber.

Der Kommandant der *Dei Gratia* kann nichts finden, was auf ein fluchtartiges Verlassen oder auf Gewaltanwendung hindeutet. Er beschließt, die *Mary Celeste* nach Gibraltar zu schleppen. Am 13. Dezember machen beide Schiffe im Hafen fest, und das dortige Seegericht lässt Amtssiegel an dem herrenlosen Schiff anbringen. Als die Inspekteure den Segler in Augenschein nehmen, entdecken sie am Bug und auf der Reling rötliche Spuren sowie Einkerbungen, die von einem Beil oder Säbel stammen könnten.

Der mit dem Fall betraute Generalstaatsanwalt Frederick Solly Flood ist überzeugt, dass ein Verbrechen begangen wurde. Seiner Ansicht nach hat die Besatzung unter Alkoholeinfluss Briggs' Familie getötet und sich anschließend in dem Beiboot davongemacht. Doch seine Theorie ist nicht stichhaltig. Schon bald zeigen gründlichere Analysen, dass es sich am Bug keinesfalls um Blutspuren handelt und dass die Vertiefungen im Holz durch den Seegang verursacht wurden. Am 25. Februar wird die Beschlagnahme aufgehoben, und das Schiff sticht mit neuer Besatzung in See.

In den Häfen wird man gesprächig und spekuliert, Kapitän Morehouse habe Benjamin Briggs und dessen Familie mit eigenen Händen umgebracht, oder die beiden Männer hätten sich darauf geeinigt, die von der Versicherung ausgesetzte Belohnung untereinander aufzuteilen, und sich anschließend nach Südamerika abgesetzt. Manch einer spricht von Piraterie, ohne jedoch erklären zu können, warum Schiff und Ladung intakt blieben. Dann ist die Rede von einer plötzlichen Windhose, die das Rigg zerstörte und die Besatzung in dem Glauben ließ, ihr Schiff würde jeden Moment sinken.

> Der Kommandant der *Dei Gratia* kann nichts finden, was auf ein fluchtartiges Verlassen oder auf Gewaltanwendung hindeutet. Er beschließt, die *Mary Celeste* nach Gibraltar zu schleppen.

In der Presse verbreiten angebliche Überlebende oder ehemalige Seeleute die wildesten Geschichten und Theorien; ein Journalist mutmaßt gar, die Schonerbrigg wäre von einem Riesenkalmar angegriffen worden. Nichts wird ausgelassen, weder das

> **Als Geisterschiff gefürchtet, fährt die *Mary Celeste* zwar weiterhin zur See, doch ihre wechselnden Besitzer haben große Mühe, Besatzungen anzuheuern.**

Bermudadreieck, noch Atlantis oder Außerirdische. Selbst der Erfinder von Sherlock Holmes, Arthur Conan Doyle, liefert eine eigene Interpretation der Ereignisse. Doch das Rätsel bleibt ungelöst.

Als Geisterschiff gefürchtet, fährt die *Mary Celeste* zwar weiterhin zur See, doch ihre wechselnden Besitzer haben Mühe, Besatzungen anzuheuern. Um das verfluchte Schiff endgültig loszuwerden – und die Versicherungssumme zu kassieren –, beladen seine letzten Reeder es mit einer wertlosen Fracht und lassen es an einem Korallenriff bei der kleinen Insel Gonâve vor der Westküste Haitis zerschellen und untergehen. Auf See wirkt Angst wie ein schleichendes Gift.

VOM PAZIFIK BIS ZUM INDISCHEN OZEAN

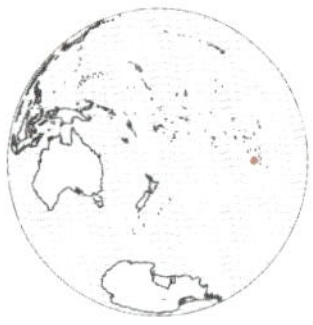

DER SEGLER *TAMARIS*, DIE SCHWEINE-INSEL, DREIZEHN SCHIFFBRÜCHIGE…

Und ein Albatros, der sie, allerdings unfreiwillig, zu retten versuchte

46° 06' S - 50° 14' O

Als die *Tamaris*, ein Schnellsegler der französischen Reederei Bordes, am 3. Dezember 1886 aus Bordeaux ausläuft mit dem Ziel Nouméa, interessiert das niemanden. Mechanisch führt die zwölfköpfige Besatzung unter dem Befehl von Kapitän Majou die notwendigen Manöver aus. Es wird eine lange Reise werden, doch damit haben die Männer Erfahrung. Sofern ihr Schiff unterwegs keinen Schaden erleidet, müssten sie um den 15. März 1887 Neukaledonien erreichen und Mitte Juni, über Kap Hoorn, wieder in Frankreich eintreffen.

Im August gibt es von der *Tamaris* kein Lebenszeichen mehr, woraufhin die Versicherungsgesellschaft Lloyd sie als Verlust verbucht. Man nimmt an, das Segelschiff sei, wie viele andere auch, mit Mann und Maus untergegangen.

Doch im August gibt es von der *Tamaris* kein Lebenszeichen mehr, woraufhin die Versicherungsgesellschaft Lloyd sie als Verlust verbucht. Man nimmt an, das Segelschiff sei, wie viele andere auch, mit Mann und Maus untergegangen; und die Angehörigen der Seeleute trauern.

Hier könnte die Geschichte enden, doch am 25. September 1887 gibt es eine überraschende Wendung. An jenem Morgen erblicken Spaziergänger an einem Strand von Western Australia, unweit von Fremantle, einen Albatros, der entkräftet im Sand liegt. Sie sind neugierig und nähern sich dem Tier, denn diese großen Hochseevögel trifft man nur selten auf dem Festland an. Ihnen bietet sich ein verblüffender Anblick: An seinem Hals hängt ein kleines Schild aus Blech, in das auf Französisch eingeritzt wurde: »13 Schiffbrüchige haben Zuflucht auf den Crozetinseln gefunden. Um Gottes willen helft uns! 11. August 1887.« Die australischen Behörden verständigen sogleich den französischen Konsul, und so läuft die *Meurthe*, ein in Madagaskar stationiertes Schnellboot der Marine, am 18. November unter dem Kommando von Kapitänleutnant Richard-Foy aus Sainte-Marie aus, um die Inselgruppe zu durchkämmen. Der Albatros, der

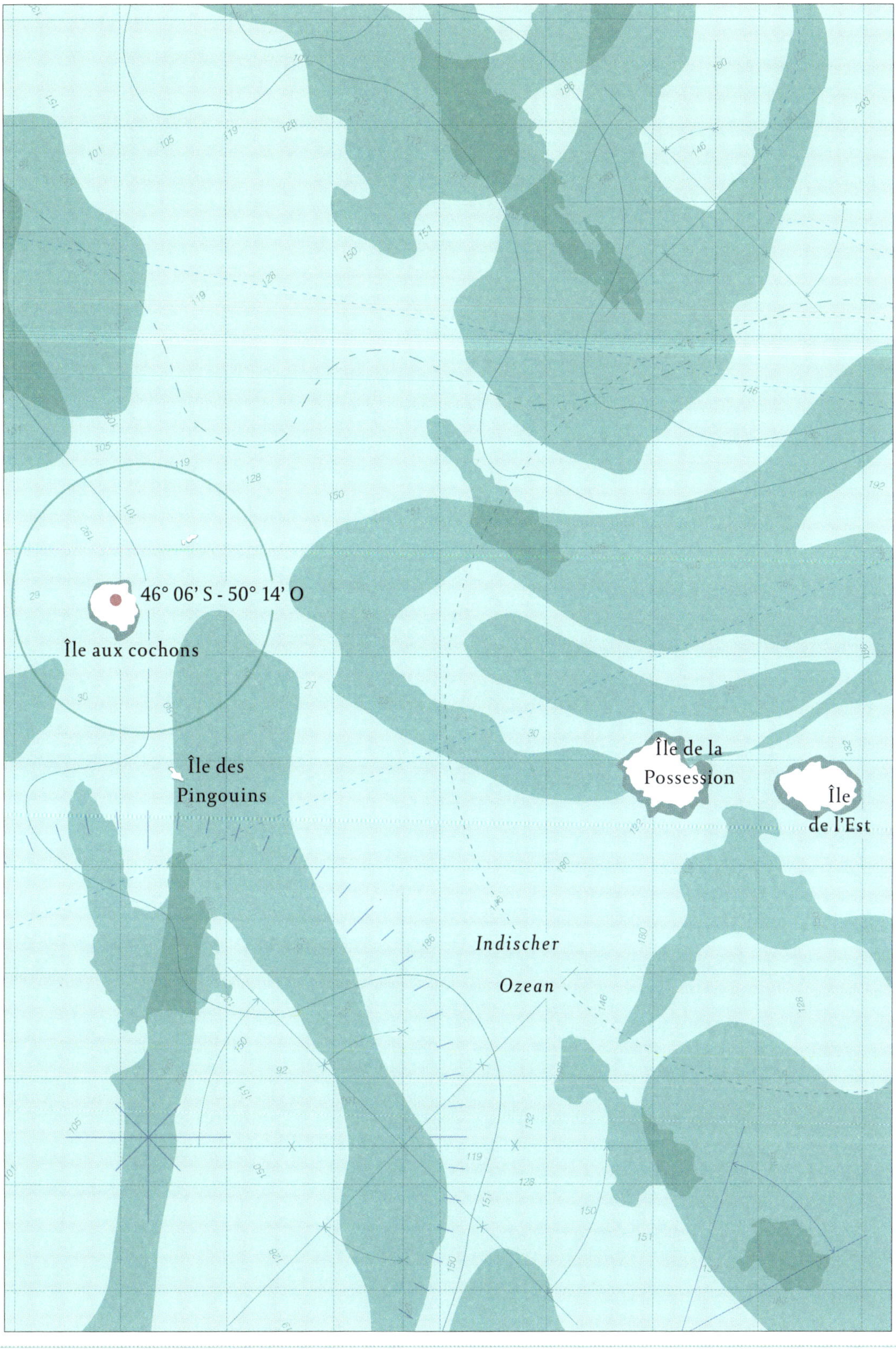
46° 06' S - 50° 14' O
Île aux cochons
Île des
Pingouins
Île de la
Possession
Île
de l'Est
Indischer
Ozean

die Nachricht überbrachte, brauchte allerdings über sechs Wochen, um 3000 Meilen zurückzulegen, und nichts deutet daraufhin, dass die Besatzung der *Tamaris* noch am Leben ist. Auf See sind die Wetterbedingungen dermaßen schlecht, dass die *Meurthe* erst am 1. Dezember ein Rettungsboot zu Wasser lassen kann. In einem Unterschlupf auf der Île aux cochons (Schweine-Insel) finden die Soldaten das Logbuch von Majou, in dem er am 30. September ankündigt, zur benachbarten Île de la Possession aufzubrechen. Noch ist nichts verloren, also steuert die *Meurthe* sogleich die Insel an.

Doch die Tage sind lang, die Hoffnung auf Rettung schwindet, und der Proviant wird allmählich knapp. Die Stimmung ist auf dem Tiefpunkt. Der Kapitän versucht, seine Männer zu überzeugen, die Überfahrt zur größten Insel des Archipels, Île de la Possession, zu wagen.

Doch die Besatzung begegnet keiner Menschenseele – weder dort noch auf der Île de l'Est oder auf den Apostel-Inseln, die nördlich der Schweine-Insel liegen. Am 16. Dezember stellt Richard-Foy die Suche schließlich ein, in dem Glauben, dass das Boot der Überlebenden nach Süden abgetrieben und vom Meer verschlungen wurde.

Nach bisherigem Kenntnisstand gerät die *Tamaris* dreieinhalb Monate nach dem Ablegen in Bordeaux im Seegebiet um Tristan da Cunha, nördlich der Roaring Forties, in Schwierigkeiten, als sie mit immer heftigeren Wellen zu kämpfen hat. In der Nacht vom 8. auf den 9. März 1887 prallt sie im Crozet-Archipel, südwestlich der Pinguin-Insel (Île des Pingouins), auf ein Riff und geht innerhalb weniger Stunden unter. Der Besatzung gelingt es, ein Boot mit Proviant und Werkzeug zu Wasser zu lassen, und sie beschließt, zur Schweine-Insel zu rudern. Zwar ist die Insel unbewohnt, aber Majou weiß, dass die Besatzung der englischen *Comus* dort acht Jahre zuvor einen Unterschlupf samt Kleidung und Ausrüstung für die Robbenjagd hinterlassen hat. Am 11. März legen sie an und nehmen die ersehnte Behausung in Besitz. Als Schiffszwieback, Trockenfleisch und Trockenfisch nach einigen Wochen zur Neige gehen, ernähren sie sich von Robbenfleisch und Pinguineiern. Mithilfe von Torf machen sie Feuer, um sich zu wärmen. Doch die Tage sind lang, die Hoffnung auf Rettung schwindet, und der Proviant wird allmählich knapp. Die Stimmung ist auf dem Tiefpunkt. Der Kapitän versucht, seine Männer zu überzeugen, die Überfahrt zur größten Insel des Archipels, Île de la Possession, zu wagen, die etwa 50 Meilen in Richtung der vorherrschenden Winde liegt und an der häufiger Schiffe vorbeikommen. Doch sie sind noch nicht bereit dazu. Jean-Yves Le Guen, mit gerade einmal 18 Jahren der Jüngste an Bord, langweilt sich schrecklich und kommt auf die Idee, Albatrosse einzufangen und an ihrem Hals ein Schild mit einem Hilferuf zu befestigen. Man kann nie wissen. Komme, was da wolle. Am 30. September – fünf Tage, nachdem einer der Vögel Australien erreicht hat, und zwei Monate vor der Ankunft der Suchtrupps – beschließen die Überlebenden der *Tamaris*, sich aufs offene Meer zu wagen.

Niemand sollte sie je wiedersehen, aber die Riffe südlich der Pinguin-Insel tragen heute den Namen »Brisant du Tamaris« (Felsenklippen der Tamaris), vor der Schweine-Insel gibt es einen »Mouillage de la Meurthe« (Liegeplatz der Meurthe), und der Vulkan, der höchste Gipfel der Insel, wurde »Mont Richard-Foy« getauft.

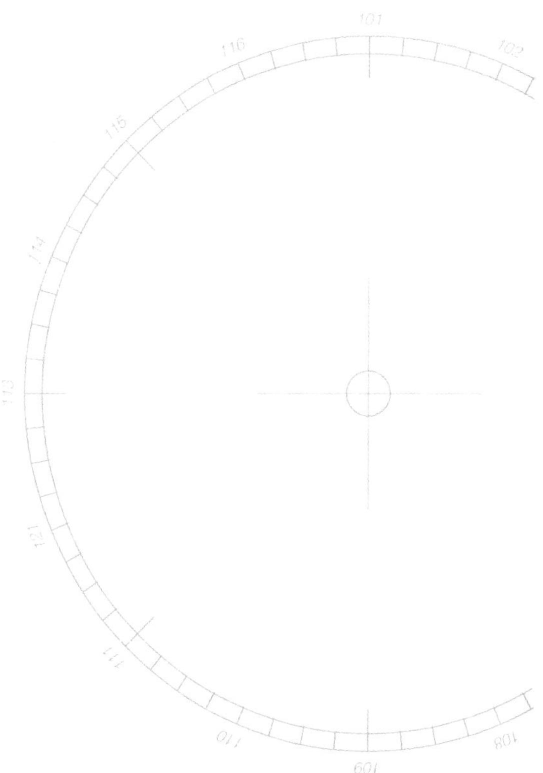

DER SAGENUMWOBENE SCHATZ VON CAPTAIN KIDD

Von dem Versuch, aus Blei Silber zu machen

16° 50' S - 49° 55' O

Drei Wochen lang hängt der gemarterte Leib von Captain William Kidd, einem der berühmtesten Piraten seiner Zeit, am Ufer der Themse und baumelt im Wind. Im Jahr 1701, im Wonnemonat Mai, hat England kein Erbarmen mehr mit adligen Glücksrittern, die weiter der Seeräuberei frönen, ohne die Flagge Seiner Majestät zu achten. All jenen, die dies noch immer nicht begriffen haben, soll die schauerliche, mit Teer überzogene Gestalt eine Warnung sein.

Der Schotte und ehemalige Kaufmann, der zuerst Freibeuter, dann Pirat wurde, hatte es auf ein englisches Schiff abgesehen – das war sein großer Fehler.

Hätte Captain Kidd sich damit begnügt, den Franzosen nachzustellen oder Spanier und Niederländer zu kapern und zu versenken, wäre er womöglich dem Strick entkommen. Aber der Schotte und ehemalige Kaufmann, der zuerst Freibeuter, später dann Pirat wurde, hatte es auf ein englisches Schiff abgesehen – das war sein großer Fehler. Und so kam es, dass die adeligen Herren, die in sein 34-Kanonen-Segelschiff *Adventure Galley* investiert hatten, ihn fallen ließen. Kidds Tod löst kaum Bedauern aus; jedoch ranken sich diverse Geschichten um seinen sagenhaften, irgendwo auf Madagaskar versteckten Reichtum.

Bereits zu seinen Lebzeiten schrumpft das Universum der Freibeuter zusehends. In der Karibik kreuzen immer seltener spanische Galeonen mit ihrer Ladung aus Gold und Silber. Auf Tortuga, seit 1697 in französischem Besitz, sind die Bukanier, die sich zum Bund der »Brüder der Küste« zusammengeschlossen hatten, nicht mehr gern gesehen, und die meisten Tavernen und Bordelle auf Jamaika, die den Ruf von Port Royal zu Lebzeiten von Sir Henry Morgan begründeten, sind dem großen Erdbeben vom 7. Juni 1692 zum Opfer gefallen. Seither kreuzen die letzten verbliebenen Piraten aus Europa in der Bucht von Ambodifotatra, nahe der Insel Sainte Marie, vor Madagaskar, wo wichtige Handelsrouten aus dem Roten Meer und dem Indischen Ozean aufeinandertreffen. Der dortige Hafen ist nicht nur bei Captain Kidd als Anlaufstelle beliebt,

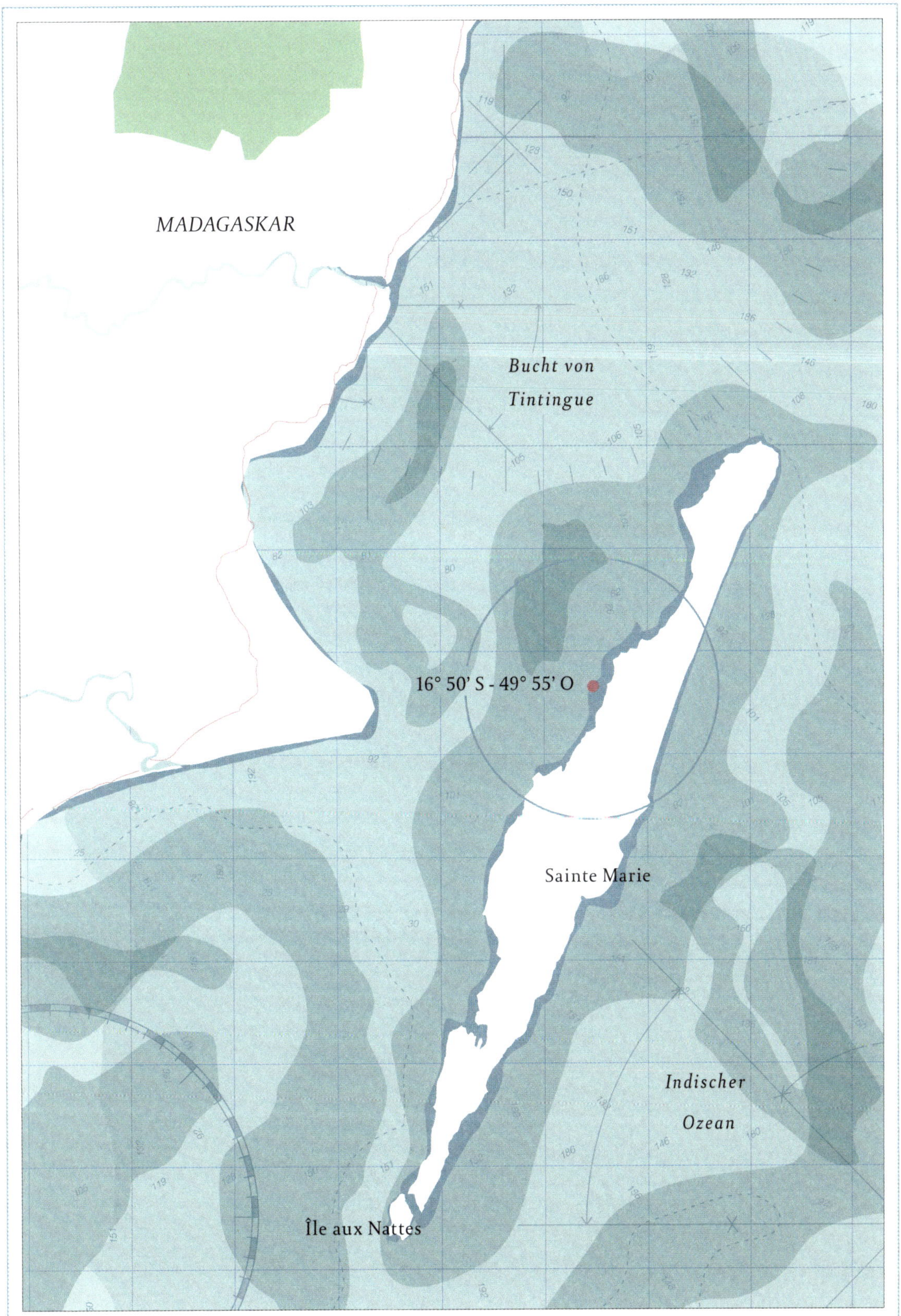
MADAGASKAR
Bucht von
Tintingue
16° 50' S - 49° 55' O
Sainte Marie
Indischer
Ozean
Île aux Nattes

> **Mit schwarzer Flagge am Großmast, mit Augenklappe und einem Papagei auf der Schulter trinken Piraten Rum und küssen Frauen, während sie auf stolzen Schiffen die Weltmeere befahren. Natürlich ist das meiste davon frei erfunden, doch ihre Legenden sind in aller Munde, ebenso wie die sagenhaften Geschichten von verborgenen Schätzen.**

sondern auch bei Henry Avery alias »Long Ben«, bei dem furchteinflößenden Thomas Tew, bei Olivier Levasseur, genannt »La Buse« (Der Bussard) oder auch bei Christopher Condent, besser bekannt als »Billy One-Hand«. Doch selbst hier sind ihre Tage gezählt.

Die Literatur des 19. Jahrhunderts stellt Piraten als romantische und unbarmherzige Helden dar. Mit schwarzer Flagge am Großmast, mit Augenklappe und einem Papagei auf der Schulter trinken sie Rum und küssen Frauen, während sie auf stolzen Schiffen die Weltmeere befahren. Natürlich ist alles, oder das meiste davon, frei erfunden, doch ihre Legenden sind in aller Munde, ebenso wie die sagenhaften Geschichten von verborgenen Schätzen. Gold im Überfluss, Juwelen, für königliche Häupter gedacht, und tonnenweise Silberbarren.

Einen solchen Schatz entdeckt der bekannte amerikanische Unterwasserarchäologe Barry Clifford im Mai 2015 in der Bucht von Madame, einer kleinen Hafeninsel von Sainte Marie, im schlammigen Untergrund. Kurz darauf präsentieren der Abenteurer und sein Team der internationalen Presse einen 45 Kilogramm schweren, grauen Barren aus einem Wrack, bei dem es sich durchaus um das Schiff des berühmten schottischen Piraten handeln könnte. Ein außergewöhnlicher Fund. Der Barren weist Echtheits- und Herkunftszeichen auf und ist allem Anschein nach aus Silber. Mit großem Pomp überreicht man ihn dem madagassischen Präsidenten Hery Rajaonarimampianina, der diesem Ereignis gemeinsam mit seinen Regierungsmitgliedern und den Botschaftern von Großbritannien und den USA beiwohnt. Doch wie sich schnell herausstellt, besteht der Barren zu 95 Prozent aus Blei. Und es kommt noch schlimmer. Aus Angst vor möglichen Plünderungen des madagassischen Kulturerbes entsendet die UNESCO sofort Experten aus ihren eigenen Reihen, die zweifelsfrei feststellen, dass es sich »bei dem vermeintlichen Wrack der *Adventure Galley* des Piraten Captain Kidd [...] wahrscheinlich um Teile der alten Hafenanlage« handelt. Für den Amerikaner entwickelt sich das Ganze zu einem Albtraum. Einziger Trost: Der internationalen Organisation zufolge sind in der Nähe »mehrere historische Schiffswracks« lokalisiert worden, deren Untersuchung von »beträchtlichem archäologischem Interesse« sein dürfte. Nichts ist somit verloren – außer dem guten Ruf.

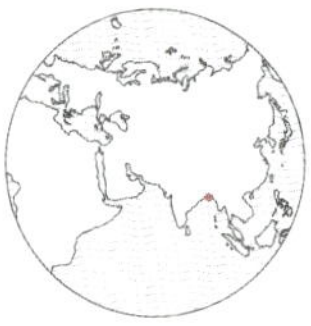

CHITTAGONG UND ALANG – DIE LETZTE STATION DER OZEANRIESEN

Eine maritime Abfalldeponie

22° 20' 51" N - 91° 48' 44" O

Wenn in der Bucht von Chittagong, in Bangladesch, oder am Strand von Alang, in Indien, ein Schiff strandet, ist es dem Tod geweiht. Wie hunderte andere zuvor, wurde hier auch das Passagierschiff *France*, später umbenannt in *Blue Lady*, in seine Einzelteile zerlegt und auf dem indischen Markt weiterverkauft. In den Abfalldeponien im Hafen von Chittagong zerteilt ein Heer von Schrotthändlern mit bloßen Händen ausgediente Supertanker, veraltete Kreuzfahrtschiffe sowie uralte Frachter. Überall liegen im ölgetränkten Sand gigantische Schiffe mit aufgeschlitzten Bäuchen und rosten vor sich hin. Reeder aus aller Welt und Ölkonzerne können hier, mit offizieller Genehmigung, ihre alten Pötte loswerden.

Seit den 1960er-Jahren deckt Indien durch diese Schiffsfriedhöfe einen Teil seines Stahlbedarfs. Und für die Bewohner der Slums ist jedes Schiff, das zum Ausschlachten nach Chittagong kommt, ein wahrer Segen. Ein paar Wochen hat man dann Arbeit, verdient ein bisschen Geld und kann sich satt essen … Die Leute schlagen sich darum, im Schlamm zu schuften. Etwa 100.000 Menschen leben mehr oder weniger von dieser Tätigkeit, und viele der metallverarbeitenden Betriebe in Bangladesch leben von dem, was Chittagong mit schöner Regelmäßigkeit an verwertbarem Metall liefert. Der Ablauf ist dabei immer derselbe. Das zum Tod verdammte Schiff treibt bei Hochwasser auf den Schlick der Bucht, und sobald sich das Meer zurückzieht, hieven die Schrotthändler es an Land, um sich sogleich über die Reste seiner Aufbauten herzumachen. Bewaffnet mit Schaufeln, Spitzhacken, Hämmern und Lötkolben schuften die Arbeiter rund um die Uhr. Alles wird systematisch abgebaut, angefangen bei den Wassertanks, die vollständig entleert werden. Die Inneneinrichtung aus Lampen, Tischen, Waschbecken, Geschirr und dergleichen landet auf den umliegenden Märkten. Danach geht es ans Eingemachte: Die Verwertung des Schiffsrumpfs, aus dem die Arbeiter Quadratmeter für Quadratmeter Platten heraustrennen und diese dann mithilfe von Seilwinden und mit Muskelkraft abtransportieren. Nach zwei Monaten ist von dem Supertanker nur noch ein Haufen rostiger Streben übrig. Doch dieses Geschenk des Himmels, bestehend aus Eisen und Stahl, hat seinen Preis. Tödliche Unfälle sind an der Tagesordnung, und die Umweltbelastung hat ein noch nie dagewesenes Ausmaß erreicht – aber mehr als anderswo gilt hier: Not kennt kein Gebot.

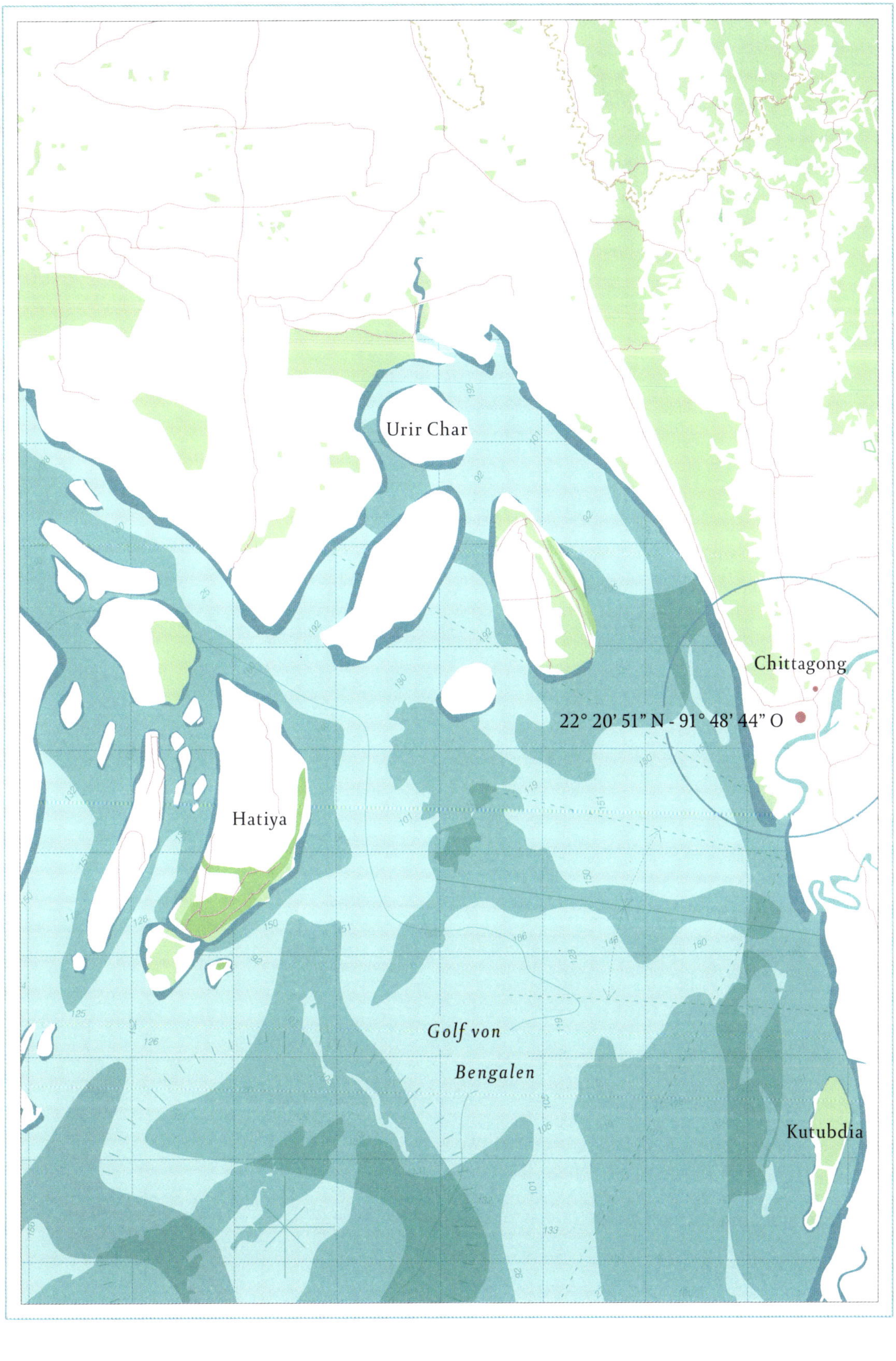
Urir Char
Chittagong
22° 20' 51" N - 91° 48' 44" O
Hatiya
Golf von
Bengalen
Kutubdia

1863

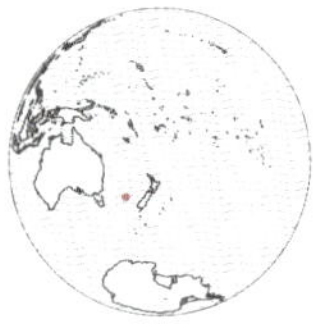

DER SCHONER *GRAFTON*

Wie Jules Verne *Die geheimnisvolle Insel* schrieb

50° 42' S - 166° 5' O

Eines schönen Tages im Sommer 1839 schleicht sich der junge Jules Verne aus seinem Elternhaus in Nantes und versucht als Schiffsjunge an Bord des Dreimasters *Coralie* nach Indien zu gelangen. Der Elfjährige träumt von Inseln, fremden Häfen und weiten Reisen und möchte die Weltmeere befahren, um seiner Cousine Caroline eine Halskette aus Korallen mitzubringen. Sein Vater aber erwischt ihn in letzter Sekunde in Paimbœuf; er holt ihn auf den Boden der Tatsachen zurück und bestraft ihn hart. Doch jener Tag sollte Jules Verne ein Leben lang prägen. Fortan lässt ihn die Welt der Meere nicht mehr los. 1868 segelt er mit seinem ersten eigenen Boot, einem umgebauten Fischerkahn namens *Saint Michel*, in die Somme-Bucht und kreuzt vor Le Crotoy. Nachdem er Mitglied im Yacht-Club de France und ein erfolgreicher Schriftsteller geworden ist, lässt Jules Verne 1876 die *Saint Michel II* bauen, seine luxuriöse, 13 Meter lange »Hirondelle de la Manche« (Schwalbe des Ärmelkanals). Wenige Monate später ersetzt er sie durch die *Saint Michel III*, eine 31 Meter lange Yacht mit Dampfantrieb und neun Mann Besatzung, mit der er das Mittelmeer, den Atlantik, die Nordsee und sogar die Ostsee erkundet.

Als Fortsetzung seines Romans 20.000 Meilen unter dem Meer schreibt Jules Verne über die Odyssee von Schiffbrüchigen, die auf einer einsamen Insel sich selbst überlassen sind: *Onkel Robinson.*

Als Fortsetzung seines Romans *20.000 Meilen unter dem Meer* und seiner Erzählungen *Außergewöhnliche Reisen* schreibt er 1869/70 über die Odyssee von Schiffbrüchigen, die auf einer einsamen Insel sich selbst überlassen sind: *Onkel Robinson*. Doch sein Verleger Pierre-Jules Hetzel, der Vernes Begeisterung nicht teilt, lehnt die Veröffentlichung ab. Die Geschichte lässt ihn jedoch nicht mehr los. Und wie viele seiner Zeitgenossen hat der Schriftsteller zudem aus der Zeitschrift *Le Tour du Monde* von dem Schoner *Grafton* erfahren, der vor den Auckland Islands Schiffbruch erlitt und dessen Besatzung 20 Monate lang auf einer einsamen Felseninsel festsaß. Dabei weckt ein Detail seine besondere Neugier:

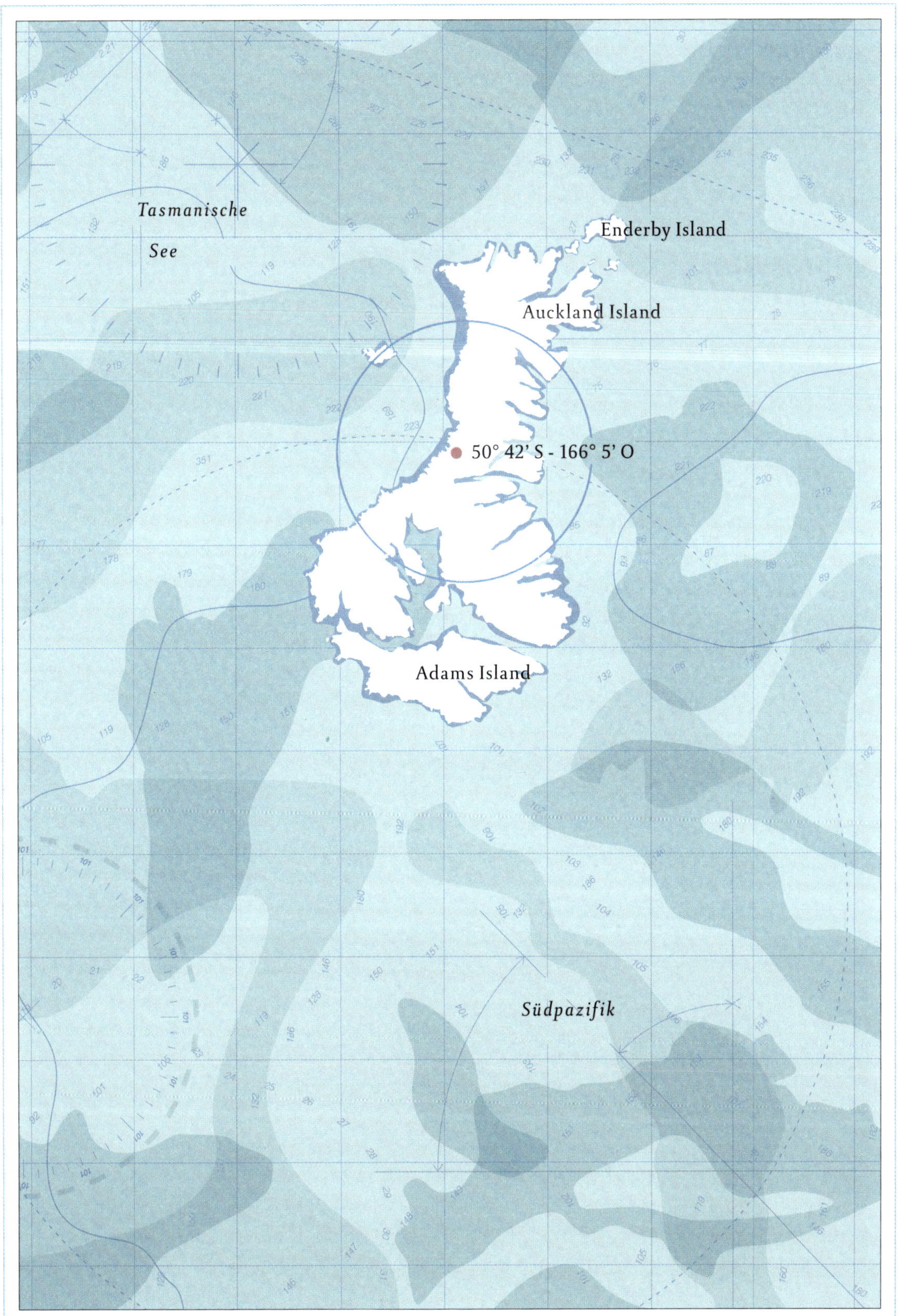
Tasmanische
See
Enderby Island
Auckland Island
50° 42’ S - 166° 5’ O
Adams Island
Südpazifik

Einer der fünf Überlebenden ist der Franzose und spätere Schriftsteller François Édouard Raynal, und dieser gibt eine perfekte Romanfigur ab.

Der Sohn eines völlig verarmten Bürgerlichen wird am 8. Juli 1830 in Moissac geboren; mit 14 Jahren heuert er als Schiffsjunge auf einem Dreimaster an … Jules Verne ist fasziniert. Mit 19 Jahren verwaltet der junge Abenteurer eine Zuckerrohrplantage auf Mauritius, später versucht er sein Glück als Goldgräber in Australien. Als er an der Cholera erkrankt, überlebt er wie durch ein Wunder, zieht sich allerdings eine Entzündung zu, die ihn für 10 Tage erblinden lässt. Am 12. November 1863 geht Raynal an Bord der *Grafton*, eines Schoners von 80 BRT aus Sydney. Zusammen mit einer kleinen Gruppe Abenteurer segelt er nach Campbell Island, um dort silberhaltiges Zinn zu fördern. Doch auf der Insel gibt es nichts außer Wind und Staub, also beschließt die Besatzung, die rund 465 Kilometer südlich von Neuseeland gelegenen Auckland Islands anzusteuern. Dort, so sagt man, gibt es Gold im Überfluss. Am 31. Dezember 1863 fahren sie in die Meerenge nördlich von Adams Island, mit der Absicht, dort einen Zwischenstopp einzulegen und vor dem stürmischen Wetter Schutz zu suchen. Nachdem der zunehmend starke Wind sie in die Gewässer von Carnley Harbour gedrängt hat, wird der Schoner am 3. Januar 1864 von seinem Ankerplatz losgerissen und schließlich von den Wellen gegen die Felsenriffe geschleudert. Vier Seeleute – Kapitän Thomas Musgrave, ein Amerikaner, der Norweger Alexander McLaren, der Engländer George Harris, der portugiesische Koch Henri Forgés – sowie Raynal schaffen es ans rettende Ufer. Die kleine, dicht bewachsene Insel ist zwar unbewohnt, liegt aber an der Route der Walfänger, die im Südpazifik auf Jagd gehen. Während sie auf Hilfe warten, richten die Schiffbrüchigen sich vor Ort ein und schwören

Während sie auf Hilfe warten, richten sich die Schiffbrüchigen vor Ort ein und schwören auf die Bibel von Kapitän Musgrave, sich immer beizustehen, ganz gleich, was passiert. Schon bald tut sich Raynal durch seine genialen Einfälle hervor.

auf die Bibel von Kapitän Musgrave, sich immer beizustehen, ganz gleich, was passiert. Schon bald tut sich Raynal durch seine genialen Einfälle hervor. Aus Muscheln und nassem Sand stellt er eine Art Zement her und baut daraus einen Schornstein für die Hütte, die sie aus Ästen und den alten Planken des Schoners gezimmert haben. Bewaffnet mit Gewehr, Axt und Hammer machen sie Jagd auf Vögel und Seelöwen, aus deren gegerbter Haut sie Kleider und Schuhe anfertigen. Aus Öl und am Strand gefundenem Tang stellt der Franzose sogar Seife her … Und wenn gerade keine Robben in der Nähe sind, ernährt man sich von Schalentieren und Fischen. Einige Monate nach ihrer Ankunft zerschellt ein Dreimaster aus Schottland, die *Invercauld*, an der Nordwestspitze der Insel. Doch die Überlebenden, die ein Jahr darauf von einer vorbeifahrenden Brigg gerettet werden, sind der Besatzung der *Grafton* niemals begegnet.

Trotz des schlechten Wetters, der Kälte, des Regens und der Mückenplage ist die Stimmung unter den fünf Männern gut. Aber sie machen sich nichts vor: Rettung wird es nicht geben. Ihr Verschwinden liegt nun schon zu lange zurück, als dass noch jemand nach ihnen suchen würde. Mit einer behelfsmäßigen Schmiede fertigen die Seeleute Werkzeug und Nägel an, um ihren gezimmerten Kahn zu einem hochseetüchtigen Boot mit Deck umzubauen. Nach sieben Monaten harter Arbeit ist das Boot, dessen Takelage aus dem Segeltuch der *Grafton* besteht, endlich fertig und wird auf den Namen *Rescousse* (Rettung) getauft. Doch an Bord ist nur Platz für drei Mann. Harris und Forgés werden an Land bleiben. Musgrave, Raynal und McLaren schwören, sie später nachzuholen, und verlassen am 19. Juli 1865 die Insel. Fünf Tage und fünf Nächte steuern sie durch eines der gefährlichsten Meere der Welt, bis sie, 300 Seemeilen weiter nördlich, Port Adventure auf Stewart Island erreichen.

Zwei Tage darauf stechen sie mit einem kleinen Segelschiff, der *Flying Scud*, erneut in See; sie möchten ihr Versprechen einlösen und ihre zwei Kameraden nachholen. Wegen ungünstiger Winde dauert die Hin- und Rückreise allerdings sieben Wochen. Als Raynal wieder bei Kräften ist, schreibt er seine Memoiren nieder und kreuzt dann noch einige Jahre in den Gewässern der südlichen Hemisphäre. Zurück in Frankreich wird er Finanzbeamter, verbringt seinen Lebensabend in Valence-d'Agen (Tarn-et-Garonne) und verstirbt dort am 28. April 1898. Jules Verne ist er niemals begegnet, wenngleich sich dieser in erheblichem Maße von Raynals Erzählung inspirieren ließ, um *Die geheimnisvolle Insel* zu verfassen – jenen berühmten Roman, der 1874, dieses Mal ohne Einwände seines Verlegers, publiziert wird.

DER SCHATZ DER *SAN DIEGO*

Der Untergang einer Galeone aus Manila

14° 31' N - 120° 46' E

Seit die Konquistadoren im Jahr 1513 als Erste die Welt jenseits des Isthmus von Panama erkundeten und Magellan 1520/21 zu den Philippinen segelte, ist der Pazifik in spanischer Hand. Unangefochten herrscht die spanische Krone im 16. Jahrhundert über dieses riesige Seegebiet, das Zugang zum asiatischen Kontinent und zu dessen Reichtümern bietet. Doch ihre Vormachtstellung ist in Gefahr. Erstens durch Portugal, das ihr Japan streitig macht. Zweitens durch die Niederländer und deren einflussreiche Ostindien-Kompanie. In Manila indes behaupten sich die Spanier. Seit der ersten Expedition von Andrés de Urdaneta im Jahr 1565 ist der Seeweg zwischen Mexiko und den Philippinen für Spanien reserviert. Zu jener Zeit verkehren auf dieser Route jährlich vier Galeonen, beladen mit chinesischen Waren, Stoffen, Edelmetallen und Gewürzen, um die Verbindung zwischen den beiden Kontinenten aufrechtzuerhalten. Später begrenzt der König die Anzahl der zugelassenen Schiffe erst auf zwei, dann auf ein einziges Schiff. Damals wird das Leben auf der anderen Seite des Ozeans, in Acapulco, durch die große Messe bestimmt, die bei Ankunft der Handelsschiffe eröffnet wird: Die trostlose Kolonialstadt erwacht nach Monaten der Langeweile aus ihrem Dämmerschlaf, und in den Straßen wimmelt es von Menschen. Anschließend stechen die Galeonen wieder in See, die bauchigen Laderäume randvoll mit Silber, das man der mexikanischen Erde gewaltsam entrissen hat. Da ab Juli ein kräftiger Gegenwind herrscht, müssen sie alle noch im Juni Manila verlassen, um die aus Südwest wehenden Monsunwinde auszunutzen. Sobald das Archipel hinter ihnen liegt, nehmen sie Kurs auf Nordost, segeln nördlich der Ladronen (heute Marianen) entlang und dann, zwischen 31° und 44° nördlicher Breite, aufs offene Meer hinaus. Die Fahrt an Bord überladener Schiffe ist eine schier endlose, gefährliche Reise ins Ungewisse, die bis zu acht Monate dauern kann.

Zwischen 1580 und 1630 häufen sich die Schiffskatastrophen, und mehr als die Hälfte

Da die Galleonen schwerfällig sind und sich auf hoher See kaum verteidigen können, locken sie englische Freibeuter und Piraten an.

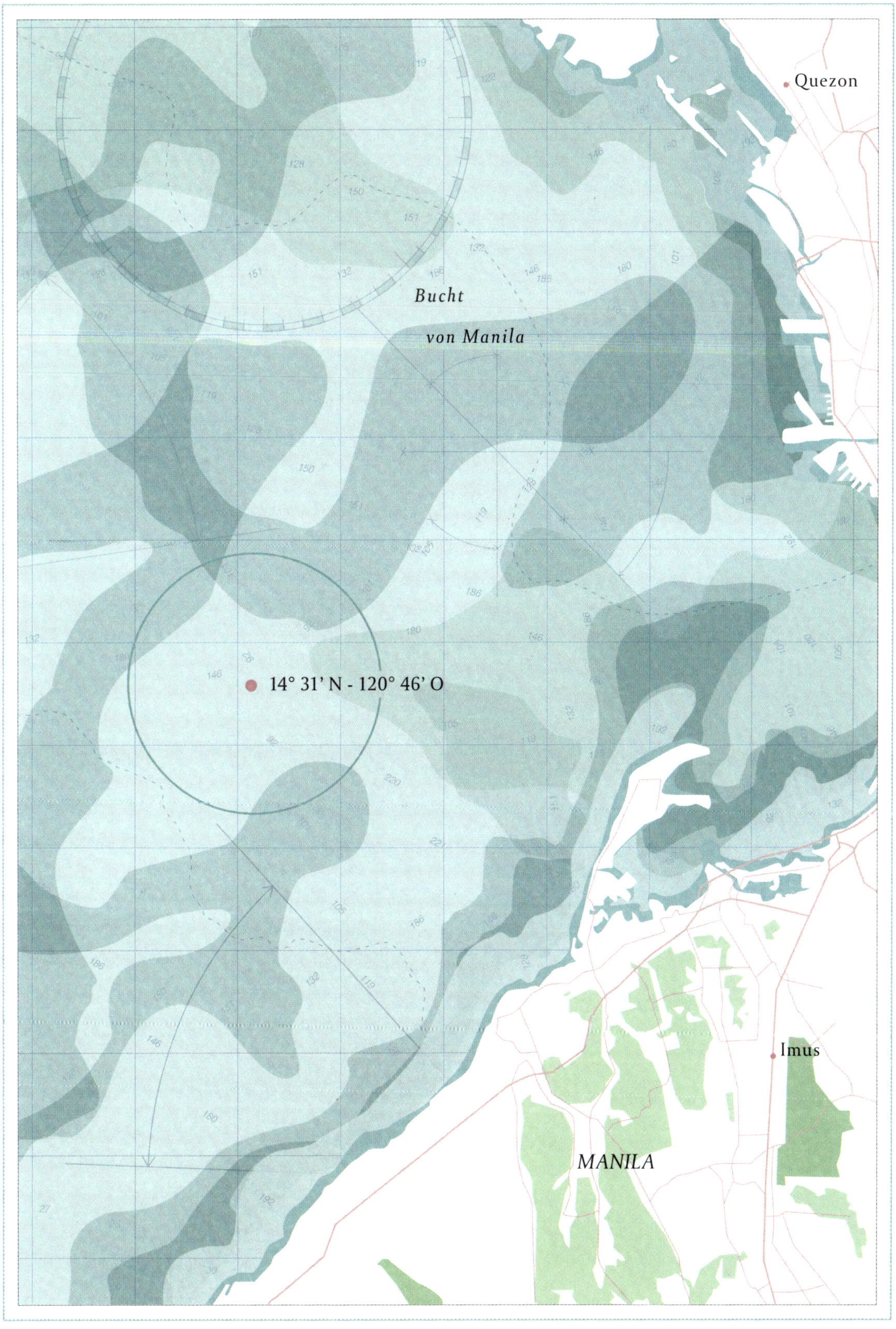
Quezon
Bucht
von Manila
14° 31' N - 120° 46' O
Imus
MANILA

aller Galeonen aus Manila geht samt Besatzung und Ladung unter. Da sie schwerfällig sind und sich auf hoher See kaum verteidigen können, locken sie außerdem englische Freibeuter und Piraten – Nachfolger von Francis Drake – an, dessen Auftauchen im Südostpazifik (1579/80) die Ausgangssituation für immer verändert hat. Als rund 15 Jahre später auch die Niederländer mitmischen, spitzt sich die Lage zu. Fest entschlossen, die Besitzungen der Spanier und Portugiesen im Pazifik anzugreifen, sticht Olivier van Noort, ein Freibeuter aus Utrecht, am 2. Juli 1598 mit vier Schiffen von Rotterdam aus in See. Nach einer beschwerlichen Atlantiküberquerung erreicht er Rio de Janeiro, wo er unter Beschuss gerät; dann fährt er die Küsten Brasiliens und Argentiniens entlang und steckt alles, was sich in Ufernähe befindet, in Brand. Nach ihrer Durchfahrt durch die Magellanstraße trennen sich die Schiffe und segeln nach Norden. Doch der Vizekönig Neuspaniens, Don Luis de Velasco y Castilla, lässt seine Schiffe auslaufen und bezieht Stellung vor der peruanischen Küste. Van Noort kann dem Hinterhalt entkommen, indem er den Kurs ändert und die Ladronen ansteuert, bevor er im Oktober 1600 schließlich die Philippinen erreicht. In Manila herrscht Fassungslosigkeit. Der Gouverneur Francisco de Tello de Guzmán ist nicht vorbereitet: Seine Stadt ist ungeschützt und im Arsenal liegt kein einziges Kriegsschiff, das dem Angreifer die Stirn bieten könnte. Tello beauftragt seinen Stellvertreter, den Justizbeamten Antonio de Morga, so schnell wie möglich eine Flotte zusammenzustellen. Innerhalb von 30 Tagen werden ein Patrouillenboot von 50 BRT, die *San Bartolomé*, sowie die *San Diego*, eine 300 BRT große Galeone mit 14 Kanonen zur Verteidigung der Kolonie ausgerüstet. Obwohl de Morga über keinerlei Kampferfahrung auf See verfügt, wird er zum Kommandanten der Flottille ernannt. Am 11. Dezember gehen die Besatzungen an Bord, begleitet von Soldaten, von Hidalgos – Angehörigen der gesellschaftlichen Elite Manilas – und von japanischen Söldnern. Allein auf der *San Diego*, deren Laderäume zudem voller Handelsgüter sind, drängen sich mehr als 450 Personen. Erpicht darauf, die Niederländer zu versenken, lichten

Fest entschlossen, die Besitzungen der Spanier und Portugiesen im Pazifik anzugreifen, sticht Olivier van Noort am 2. Juli 1598 mit vier Schiffen von Rotterdam aus in See.

die Schiffe am Morgen des 12. Dezember die Anker. Am 14. werden sie von der *Mauritius* und der *Eendracht*, den beiden Schiffen von Olivier van Noort, gesichtet. Die *San Diego* hat alle Segel gesetzt und nähert sich mit hoher Geschwindigkeit der *Mauritius*, die einen ersten verheerenden Schuss auf ihre Takelage abfeuert. Doch die Galeone ist zu schwer beladen und ihre Decks sind überfüllt, sodass sich die Kanonen unterhalb der Wasserlinie befinden und das Feuer nicht erwidern können. In einem Anfall von Wahnsinn beschließt de Morga, das feindliche Schiff zu entern und rammt es mit voller Wucht. Durch den Zusammenstoß geraten beide Schiffe ins Wanken, und die 300 Soldaten der *San Diego* bringen die *Mauritius* zunächst unter ihre Kontrolle. In dem allgemeinen Durcheinander verlässt die *San Bartolomé* – entgegen der ihr erteilten Befehle –

Die *San Diego* wird unterhalb der Wasserlinie getroffen und droht zu sinken.

das Schlachtfeld und versucht die *Eendracht* einzuholen, die bereits die Flucht ergriffen hat. Als schließlich ein Brand an Bord ausbricht, greifen einige Männer der *Mauritius* erneut zu den Waffen. Die *San Diego* wird unterhalb der Wasserlinie getroffen und droht zu sinken. In Panik lässt de Morga Taue und Leinen kappen, um nicht länger manövrierunfähig zu bleiben. Vom feindlichen Schiff befreit, driftet die Galeone langsam auf die kleine Insel Fortune zu, und der Kommandant hofft, dort aufzulaufen. Doch von seinen Großmasten ist nicht mehr viel übrig, und das kümmerliche Segel am Bugspriet reicht zur Steuerung nicht aus. Während die *Mauritius* sich nach diesem merkwürdigen Seesieg wieder aufs offene Meer hinaus begibt, kentert die *San Diego* über den Bug, ehe sie mit fast der gesamten Besatzung innerhalb weniger Minuten untergeht. De Morga, der sich an einer Matratze festgeklammert hat, überlebt das Ungluck und versucht, seine Haut zu retten, indem er seinen Ersten Offizier für den Schiffbruch verantwortlich macht. Manila ist gerettet. Doch zu welchem Preis?

Im April 1991 entdeckte der französische Unterwasserarchäologe Franck Goddio das Wrack der *San Diego* in 52 Metern Tiefe und 1,2 Kilometer vor der Küste von Fortune. Ihre Schätze – unter anderem seltene Münzen, prächtiger Goldschmuck, eine Menge Porzellan aus der Ming-Zeit, Waffen und Kanonen – gingen um die Welt. Ebenso wie das jämmerliche Schicksal des Justizbeamten Antonio de Morga, der für die Dauer einer Seeschlacht glaubte, ein Seemann zu sein.

1785

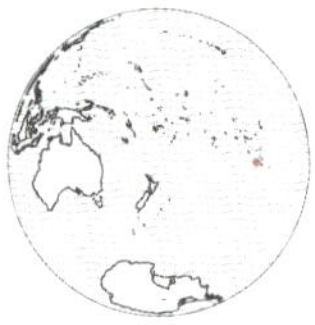

DIE VERSCHOLLENE EXPEDITION VON LA PÉROUSE

Auf der Suche nach der *Boussole* und der *Astrolabe*

11° 39' S - 166° 54' O

Am 1. August 1785 stechen die *Boussole* und die *Astrolabe* von Brest aus in See, mit Kurs auf den Pazifik – es sollte die größte Entdeckungsreise des ausgehenden 18. Jahrhunderts werden. Wie so oft sind die beiden zu Fregatten umgerüsteten Transportschiffe im Bugbereich etwas zu schwer beladen und lassen sich nur mühsam steuern. Um dies zu korrigieren, legt man einen ersten Zwischenstopp auf Madeira ein; die Wissenschaftler an Bord sowie einige Landratten, denen die Seekrankheit stark zugesetzt hat, atmen erleichtert auf. Ihre Expedition steht unter der Oberhoheit von Ludwig XVI., der den brillanten, obendrein gelehrten und kultivierten Kapitän, Jean-François de Galaup, Comte de La Pérouse, eigens ausgewählt hat, damit er diese äußerst ehrgeizige Mission zum Erfolg führt. Frankreich, das im Zuge des Friedensvertrags von 1783 seine Niederlassungen in Indien und Teile seiner Kolonien in Kanada zurückgewonnen hat, hält sich nun für eine Weltmacht; der König will die Kartierung der Erde vorantreiben, neue See- und Handelswege erschließen, in den Kolonien weitere Kontore gründen und neue wissenschaftliche Erkenntnisse gewinnen – dies alles im Wettstreit um Einflussbereiche mit seinem ewigen Rivalen England. Seit dem Tod des englischen Entdeckers James Cook, der sechs Jahre zuvor auf den Sandwichinseln (Hawaii) umgebracht wurde, hat man im Pazifik freie Hand, und Versailles hofft auf eine Wiederholung der Erfolge des Seefahrers Louis Antoine de Bougainville, der 1766–1769 die Welt umsegelte. La Pérouse, der bald seinen 44. Geburtstag feiern wird, hat sämtliche Freiheiten, und kann so, gemäß seinem Auftrag, »ohne jegliche Vorurteile, die Fachkenntnisse für jeden Wissensbereich beschreiben und [sie] in einem Bestandskatalog zusammenführen.« Am 13. August liegen beide Schiffe in Teneriffa vor Anker. Der schwer erkrankte Astronom Louis Monge wird an Land gebracht.

> Die Expedition steht unter der Oberhoheit von Ludwig XVI., der den gelehrten und kultivierten Kapitän, Jean-François de Galaup, Comte de La Pérouse, eigens ausgewählt hat.

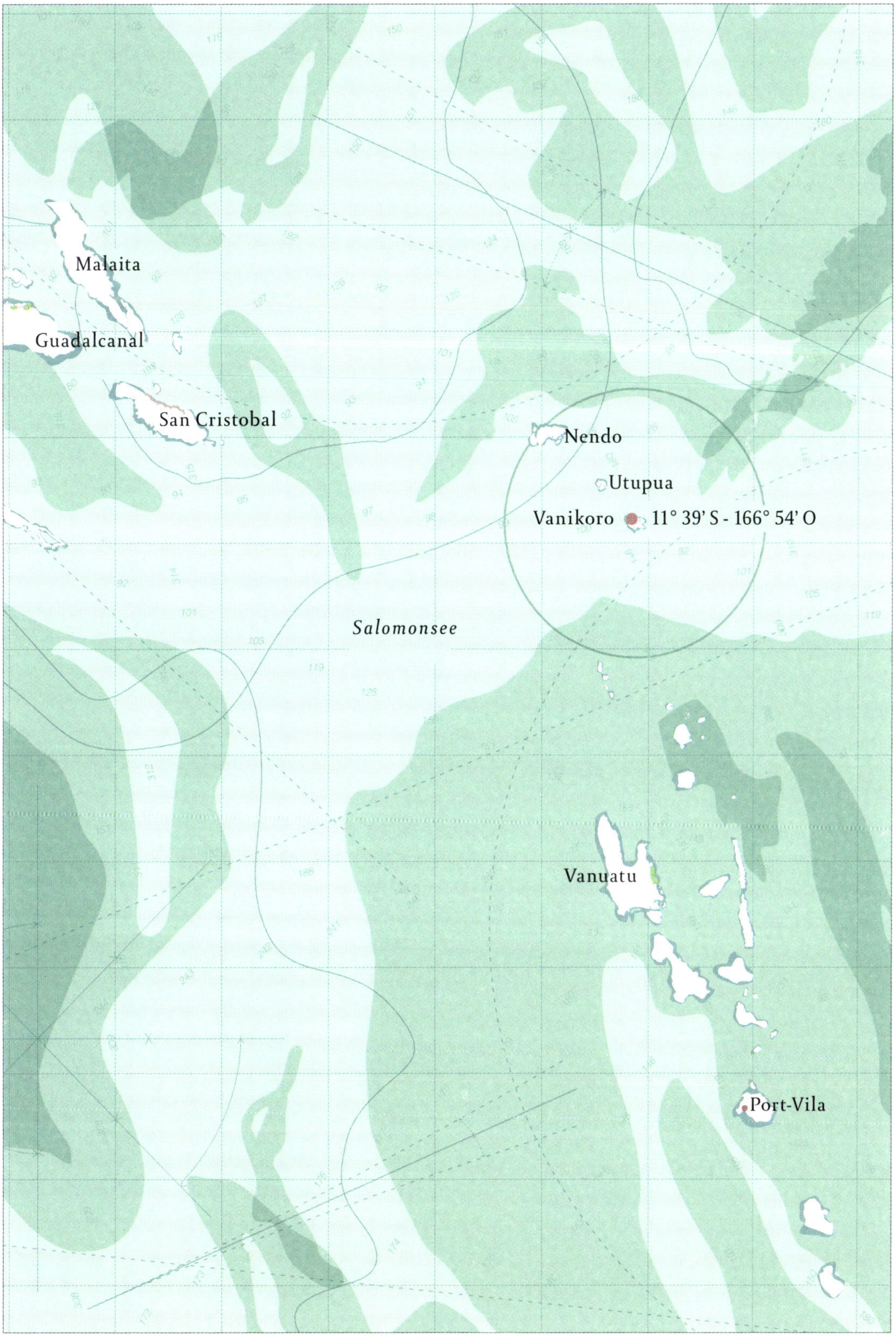

Malaita
Guadalcanal
San Cristobal
Nendo
Utupua
Vanikoro
11° 39' S - 166° 54' O
Salomonsee
Vanuatu
Port-Vila

Außer ihm sollten nur wenige lebend zurückkehren, darunter der Naturforscher Jean-Nicolas Dufresne, der am 1. Februar 1787 in Macau von Bord geht, der Offiziersanwärter, Henri Mel de Saint-Céran, der zwei Monate später in Manila freigestellt wird, und der Diplomat Barthélemy de Lesseps, den man, mit einigen Aufzeichnungen der Expedition, im September in Petropawlowsk, auf Kamtschatka, absetzt. Seit dem 10. März 1788 gibt es von der Besatzung kein Lebenszeichen mehr. In seinem letzten Brief, den er aus der Botany Bay in Australien abschickt, ist La Pérouse noch voller Tatendrang und erklärt, man werde nun die Freundschaftsinseln, den heutigen Inselstaat Tonga, ansteuern. »Ich werde«, schreibt er, »absolut alles tun, was die mir vorliegenden Anweisungen erfordern, hinsichtlich des südlichen Teils Neukaledoniens, der von Medaña entdeckten Insel Santa Cruz, der Südküste der von Surville sogenannten Terre des Arsacides [Land der Mörder, Salomonen], und Bougainvilles Louisiade-Archipel, und [ich werde] außerdem versuchen, herauszufinden, ob ebendiese mit Neuguinea verbunden oder davon getrennt sind. Ende Juli 1788 werde ich zwischen Neuguinea und Neuholland hindurchsegeln, allerdings nicht auf der Route der *Endeavour*, vorausgesetzt es gibt noch eine weitere. Den September über und einen Teil des Oktobers werde ich den Golf von Carpentaria und die gesamte Westküste Neuhollands bis nach Vandiemensland [Nordküste Australiens] erkunden, sodass es mir aber dennoch möglich sein wird, rechtzeitig den Rückweg gen Norden anzutreten und Anfang Dezember 1788 Mauritius zu erreichen.« Doch wenig später sind die *Astrolabe* und die *Boussole* verschollen. Obwohl mehrere Suchexpeditionen entsendet werden, unter anderem jene von Admiral Entrecasteaux (1791) und von Dumont d'Urville (um 1827), bleiben die 219 Männer von La Pérouse unauffindbar. Gleichzeitig berichtet ein britischer Offizier, ein amerikanischer Kapitän sei auf einer Südseereise den Bewohnern einer von Felsenriffen umgebenen Inselgruppe begegnet und habe bei ihnen ein Kreuz Ludwigs des Heiligen sowie Medaillen gesichtet, wie sie auch La Pé-

Doch wenig später sind die *Astrolabe* und die *Boussole* verschollen. Obwohl mehrere Suchexpeditionen entsendet werden, bleiben die 219 Männer von La Pérouse unauffindbar.

rouse bei sich trug. Seine Erzählung erinnert jedoch sehr stark an eine ältere Seefahrer-Legende, und es gibt keinerlei Beweis für ihren Wahrheitsgehalt.

1826 stößt der irische Seefahrer Peter Dillon als Erster auf Relikte, die bezeugen, dass beide Fregatten vor Vanikoro, einer der Santa-Cruz-Inseln östlich der Salomonen, untergegangen sind. Allerdings gelingt es erst 1964, die Schiffswracks zu orten. 1999 erforschen Jean-Christophe Galipaud und die Taucher der Association Salomon einige Ruinen vor Vanikoro, an der Mündung des Fluss Lawrence. In den Mauern eines, wie es scheint, kleinen Forts, das über Monate bewohnt war und Relikte der zwei Schiffe beherbergt, entdecken die Archäologen Fragmente von Messgeräten, einen Zirkel, Feuersteine, Kugeln, Porzellan, Nägel und Flaschen, die beweisen, dass Mitglieder der Expedition damals überlebt haben. 2003 legen die Forscher das Skelett eines schätzungsweise 32-jährigen Mannes frei. Handelt es sich um den Militärgeistlichen Jean-André Mongez, um den Astronomen Joseph Lepaute Dagelet oder um den Chirurgen Jacques Joseph Le Cor? Heute ist der in Brest beigesetzte Leichnam als »Inconnu de Vanikoro« (Unbekannter von Vanikoro) bekannt. Zwei Jahre später werden die Wrackteile südlich der Insel endgültig als die der *Boussole* und der *Astrolabe* identifiziert. Wenn man den Bewohnern des Archipels glaubt, dann sind »die beiden Schiffe [...] während einer stürmischen Nacht auf Grund gelaufen. Das eine ist wohl untergegangen, das andere zerschellt, und die Überlebenden konnten sich wahrscheinlich ans Ufer, an einen Ort namens Paiou, retten.« Einige von ihnen sollen aus Wrackteilen ein behelfsmäßiges Boot gebaut haben und fünf oder sechs Monate später wieder aufs Meer hinaus gefahren sein. Die meisten Franzosen blieben jedoch auf der Insel zurück und fanden, verwickelt in brutale Stammeskriege, ein tragisches Ende. Das letzte noch lebende Expeditionsmitglied sei erst kurz vor Peter Dillons Ankunft gestorben. In Wirklichkeit aber weiß niemand genau, was La Pérouse oder jenen Männern, die Vanikoro auf dem Seeweg verließen, widerfahren ist.

1826 stößt der irische Seefahrer Peter Dillon als Erster auf Relikte, die bezeugen, dass die beiden Fregatten vor Vanikoro, einer Insel östlich der Salomonen, untergegangen sind.

Huw Lewis-Jones

DAS BUCH DES MEERES

Tage- und Skizzenbücher großer Seefahrer

304 Seiten / 450 farbige Abbildungen / ISBN 978-3-8321-9975-3

Reisen, Expeditionen, Schicksalsgeschichten

Das Meer ist eine endlose Quelle der Faszination, zugleich berauschend, geheimnisvoll und beängstigend, ein Ort des Schreckens und Staunens. Zu jeder Zeit sind Menschen in See gestochen, um neue Länder zu entdecken, Handel zu treiben und Abenteuer zu erleben. Die in diesem Buch enthaltenen stimmungsvollen und charmanten Skizzen und Zeichnungen fangen den Reiz des Meeres hervorragend ein.
Mit dieser Sammlung von privaten Aufzeichnungen, Logbüchern, Briefen und Tagebüchern folgt man den Reisen unerschrockener Segler, von den kargen Polarwüsten bis zu den paradiesischen Inseln der Südsee.

»*Das Buch des Meeres* erzählt nicht nur von den alltäglichen Freuden und Nöten der Seefahrer, sondern dokumentiert in vielen wunderschönen Zeichnungen auch die Flora und Fauna der erkundeten Länder sowie Begegnungen mit Einheimischen.«

ANNETT STEIN, DPA

R.G. Grant

WÄCHTER DER SEE

Die Geschichte der Leuchttürme

160 Seiten / 250 farbige und 100 s/w Abbildungen / ISBN 978-3-8321-9936-4

Leuchtende Lotsen

Sie halten gewaltigen Wellen und Unwettern stand und senden in der Nacht Lichtsignale über das Meer. Sie warnen vor gefährlichen Untiefen und weisen Schiffen den Weg in den Hafen. Weltweit prägen Leuchttürme unsere Küsten – vom Kap Arkona über den Bell Rock bis hin zu den Falklandinseln.
Wächter der See erzählt von technischen Meisterleistungen, dem Mut und der Hartnäckigkeit der Erbauer, von Schiffbrüchen und heldenhaften Seenotrettungen und nicht zuletzt von der großen Verantwortung und dem einsamen Leben der Leuchtturmwärter.

»Bauwunder, Lebensretter und Symbole alter Seefahrer-Romantik – das sind die *Wächter der See*, von denen der britische Historiker R.G. Grant erzählt mit historischen Bauplänen, Fotos und viel Nostalgie.«
MATTHIAS SCHMIDT, STERN

»Lesenswertes und wunderschön ausgestattetes Buch«
FLORIAN BALKE, FRANKFUTER ALLGEMEINE ZEITUNG

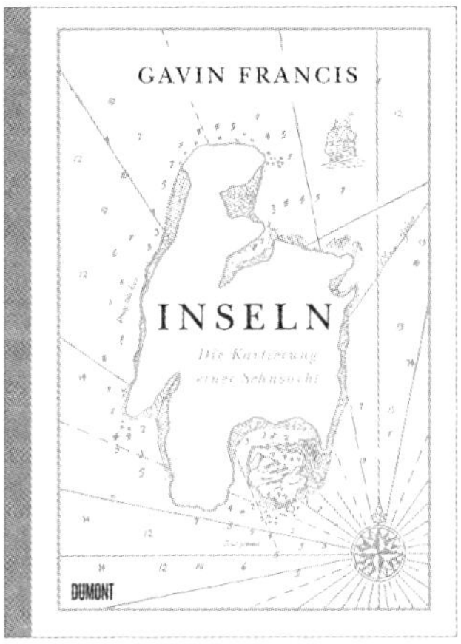

Gavin Francis

INSELN

Die Kartierung einer Sehnsucht

256 Seiten / 80 farbige Abbildungen / ISBN 978-3-8321-9989-0

»Ich war auf der Suche nach einsamen Inseln, verliebt in den Gedanken, dass sich auf einem von Meer umgürteten Stück Land die Verpflichtungen und Ärgernisse des Lebens verflüchtigen würden. Das Ganze erwies sich als komplizierter …« *Inseln. Die Kartierung einer Sehnsucht* ist eine persönliche Reise durch Landkarten und Inselgeschichten, durch die Vorzüge und Nöte der Abgeschiedenheit und durch die Vergnügungen und Probleme einer immer stärker vernetzten Welt.

»Mit Francis' klugen Texten hüpft man vergnügt von einem Eiland zum nächsten, folgt seinen Ausflügen in die Literaturgeschichte, lernt viel und kann sich immer weiter weg sehnen.«

BARBARA SCHAEFER, WELT AM SONNTAG

»So dicht und atmosphärisch sind seine Beschreibungen, dass man meint, Möwenschreie zu hören und von der fiktiven Gischt nass zu werden – ein meditatives Lesevergnügen.«

ANNE KOHLICK, DEUTSCHLANDFUNK KULTUR

Die französische Originalausgabe erschien 2019
unter dem Titel *Atlas des Fortunes de Mer* bei Flammarion, Paris.

Konzeption und grafische Gestaltung: Karin Doering-Froger

Die Übersetzerin dankt dem Deutschen Übersetzerfonds
für die Förderung der vorliegenden Übersetzung.

Zweite Auflage 2022

Verlagskoordination: Vera Maas
Übersetzung: Nina Goldt
Lektorat und Satz: Juliane Steinbrecher
Umschlaggestaltung: Birgit Haermeyer
Druck und Verarbeitung: Printer Portuguesa, Portugal

Printed in Portugal
ISBN 978-3-8321-6901-5
www.dumont-buchverlag.de